Horst H. Siewert

Die 100 wichtigsten Fragen im
Vorstellungsgespräch
kompetent und
sicher beantworten

Musterfragen und –antworten
für den Karrieresprung

Die Deutsche Bibliothek – CIP-Einheitsaufnahme

Siewert, Horst H.:
Die 100 wichtigsten Fragen im Vorstellungsgespräch : kompetent und sicher
beantworten / Musterfragen und -antworten für den Karrieresprung / Horst H.
Siewert. – Landsberg am Lech : mvg-verl. 1997
ISBN 3-478-71860-0
NE: Siewert, Horst H.: Die hundert wichtigsten Fragen im Vorstellungsgespräch

Für

Julia,
Christian und
Matthias Siewert

© mvg-verlag im verlag moderne industrie AG, Landsberg am Lech
Umschlaggestaltung: Vierthaler & Braun, München
Satz: Wolfgang Appun, München
Druck- und Bindearbeiten: Druckerei Himmer, Augsburg
Printed in Germany 071 860 / 397302
ISBN 3-478-71860-0

Inhalt

Vorwort

Seit dem Erscheinen meines Buches „Bewerben wie ein Profi" sind mehr als 15 Jahre vergangen. Immer noch wird dieses Buch bestens verkauft. Das deutet darauf hin, daß das Interesse im Bereich Bewerbung ungebrochen anhält und vermutlich, bedingt durch die Wirtschaftslage, noch ansteigen wird.

In diesem Buch möchte ich auf einen ganz besonderen Aspekt der „Bewerbungsprozedur" eingehen, nämlich auf das Vorstellungsgespräch im allgemeinen und auf die Fragen und Antworten, die als Informationen zwischen Interviewern und Bewerbern ausgetauscht werden im besonderen.

Glauben Sie, daß die Fragenstellungen in Vorstellungsgespräch zufällig sind? Weit gefehlt, die meisten Fragen sind auf zuvor festgelegte Ziele abgestimmt und haben einen ganz speziellen, tieferen Sinn.

In der Situation des Vorstellungsgesprächs sollen Bewerber genau getestet werden. Dabei wird vom Ergebnis nicht nur eine Charakter-, Leistungs- und Verhaltensbeurteilung erwartet, sondern auch eine mögliche Stellung des Bewerbers innerhalb des Organisations- und Führungsschemas des Betriebs sondiert.

Um im Vorstellungsgespräch die individuelle Eignung zuverlässig herausfinden und beurteilen zu können sowie einen potentiellen Mitarbeiter in ein bereits im Unternehmen bestehendes Team einzugliedern, benötigt man betriebswirtschaftliches und organisationspsychologisches Fingerspitzengefühl. Dem Bewerber selbst bleiben diese Gesichtspunkte in der Regel verborgen.

Der erste Teil des Buches befaßt sich daher weitgehend mit den zuvor schon genannten Gesichtspunkten. Betriebliche und psychologische Fragen werden dann angeschnitten, wenn sie für Sie wichtig sind.

Die Grundlagen der Bewertung eines Bewerbungs- und Vorstellungsgesprächs werden dabei angesprochen, denn es ist offensichtlich, daß die Ziele der Interviewer unter diesen Gesichtspunkten betrachtet die Methoden der Fragestellung bestimmen.

Für die Bewertung im Vorstellungsgespräch sollen Fakten herangezogen werden, aus denen erkenntlich wird, ob ein Bewerber (damit ist natürlich gleichzeitig – auch später im Text – die Bewerberin gemeint) die erwartete Leistung für den Betrieb erbringen kann oder nicht.

Dieses Buch soll dem Leser nicht nur allgemeine Hinweise, sondern auch eine Vielzahl von wichtigen Tips zur Beantwortung von Fragen im Bewerbungsgespräch geben. Aber auch Anregungen für einen optimalen Gesprächsverlauf sowie für eigene Fragen an das Unternehmen finden Sie in diesem Buch.

Darstellung der grundlegenden Frage- und Antworttechniken

Das vorliegende Buch soll interessierten Bewerbern die Möglichkeit geben, sich grundlegend über das Vorstellungsgespräch zu informieren. Es bietet einen umfassenden Überblick über Voraussetzungen für eine erfolgreiche Bewerbung sowie die Folgen des Verhaltens im Bewerbungsgespräch.

Aufgrund der oft komplizierten Gesetzgebung kann dieser Ratgeber natürlich nicht im Einzelfall strittige Fragen klären, die während eines Gesprächs entstehen können. Vielmehr sollte im Falle eines begründeten Streitpunkts ein Rechtsanwalt hinzugezogen werden.

Es ist vorrangige Absicht der nachfolgenden Ausführungen, Sie in die Lage zu versetzen, sich bestens auf das Vorstellungsgespräch vorzubereiten. Durch ein gezieltes Training meistern Sie jede Situation und können sich bestmöglich über Ihren potentiellen neuen Arbeitgeber informieren. Somit können alle Aspekte Ihres neuen Jobs ausreichend und angemessen besprochen werden. Aber auch noch nicht Betroffene spricht dieses Buch an. Es ist immer von Vorteil, das System der Bewerbungspraktiken zu kennen, auch für diejenigen, die sich im Augenblick noch nicht auf der Suche nach einer Stelle befinden.

So ist dieses Buch aufgebaut

Der Aufbau des Buches, wie er aus dem Inhaltsverzeichnis erkennbar ist, ergibt sich aus den verschiedenen Phasen des Vorstellungsverfahrens, nämlich der Vorbereitung und der Durchführung des Gesprächs in mehreren Stufen. Innerhalb der benannten Abschnitte sind häufige, typische Fragen und Antworten unter der Überschrift „Gesprächsinhalte" erfaßt – so wie sie voraussichtlich in der entsprechenden Phase ablaufen.

Ich habe mich bemüht, in jedem Kapitel die Fragen vorrangig zu beantworten, die in der Praxis in den Betrieben am häufigsten gestellt werden. Hierdurch ergeben sich Schwerpunkte, die vor allem beim Gesprächseinstieg, der Selbstdarstellung des Betriebs, der Eigenpräsentation, der Teamfähigkeit, den Persönlichkeitsvariablen, dem Arbeitsvertrag und bei der Gehaltsfindung liegen.

Für den Fall, daß weitere Beratungen erforderlich sein sollten, muß auf die Hilfe eines Bewerbungs- oder Karriereberaters verwiesen werden.

Ich wünsche Ihnen viel Erfolg bei Ihrem nächsten Vorstellungsgespräch.

Dr. Horst H. Siewert

Kontaktadresse des Autors:

Orchideenweg 2 – 4
D 72762 Reutlingen

1.   Einleitung

„Warum wollen Sie unbedingt bei uns arbeiten?" lautet die häufigste
Frage im Vorstellungsgespräch. Die Antwort sollte Ihnen flüssig über
die Lippen kommen und plausibel klingen. Wer hier lange überlegen
muß, hat schon von vornherein schlechte Karten.

1.1   Vorstellungsgespräche – sind sie heute noch wichtig?

Dieses Buch beschäftigt sich mit dem Frage- und Antwortverhalten
von Bewerbern und Interviewern im Bewerbungsgespräch. Es geht
um bestimmte Fragestellungen, die Ihnen im Vorstellungsgespräch
helfen sollen, die richtigen Antworten zu finden. Manchmal sind die
Antworten vorgegeben. Sie müssen sie jedoch an Ihre eigene Situation anpassen. Ansonsten sind Hinweise für eine mögliche Antwort genannt.

Fragestellungen zum Bewerbungsgespräch

♦ Warum wird gerade diese oder jene Frage im Vorstellungsge-
   spräch gestellt?
♦ Worauf wollen die Interviewer hinaus?
♦ Wie kann ich bestimmte Fragen am besten beantworten?
♦ Gibt es eine allgemeine Antwortstrategie?
♦ Muß ich immer antworten?
♦ Wie kann man bestimmte Fragen vermeiden? usw.

Wenn man sich fragt, welchen Stellenwert die Beantwortung der Fragen im Vorstellungsgespräch hat, dann kommt man unweigerlich zu der Überzeugung, daß das Vorstellungsgespräch als letzter und entscheidender Faktor bei der Bewerberauswahl das Zünglein an der Waage spielt. Das Vorstellungsgespräch ist meist die letzte Instanz, bei der die endgültige Entscheidung für oder gegen einen Kandidaten getroffen wird.

Ein positiver Verlauf des Gesprächs entscheidet darüber, ob der Bewerber einen Arbeitsvertrag oder eine Absage erhält.

1.2   Bewerbungsunterlagen

Das Gesamtwerk der Bewerbung besteht aus verschiedenen, genau abgegrenzten Stufen, wovon die erste die schriftliche Bewerbung ist. Zu einer aussagefähigen Bewerbung gehören folgende Unterlagen:

Bewerbungsunterlagen

- ◆ Anschreiben
- ◆ Lebenslauf
- ◆ Zeugnisse
- ◆ Lichtbild

Das Anschreiben

Das Anschreiben sollte nicht mehr als eine DIN-A4-Seite, maximal eineinhalb Seiten umfassen und kurz und prägnant begründen, warum Sie sich um die Stelle bewerben. Sie sollten deshalb die Stellenausschreibung nochmals sorgfältig lesen und die genannten Anforderungen mit Ihrem eigenen Qualifikationsprofil vergleichen.

Im Anschreiben geht es vor allem darum, klar und eindeutig zu erläutern, warum man sich gerade auf diese Position bewirbt und warum man sich für besonders geeignet für die Stelle hält. Lediglich Interesse an einer Stelle oder einer Firma zu bekunden, reicht nicht für eine erfolgversprechende Bewerbung aus.

Sie sollten auf einen guten und flüssigen Stil achten und keine übertriebenen Floskeln aus dem Managementbereich wählen. Vor Formulierungen wie „analytisch versiert", „unternehmerisch denkend" oder „extrem dynamisch" kann nur gewarnt werden.

Ebenso gefährlich sind Bewerbungsanschreiben, die aus einem Bewerbungsratgeber abgeschrieben wurden. Diese Bücher können nur Anregungen geben und bieten bestenfalls eine Hilfe für die Formulierung einer eigenen Bewerbung.

Der Personalchef erkennt leicht eine solche Quelle und das bedeutet für Sie schnell ein vorzeitiges Ausscheiden aus dem Rennen um die begehrte Position.

Eine weitere Gefahr sind allgemein formulierte Standardaussagen. Ist der Brief auch noch mit dem Computer erstellt, drängt sich dem Personalchef der Verdacht einer Serienbewerbung auf. Wenn dann Ihr Profil nicht exakt dem der Stellenausschreibung entspricht, entsteht schnell der Eindruck, daß Sie die Stellenanzeige gar nicht richtig gelesen haben.

Wenn die Voraussetzungen, die Sie mitbringen, von den Anforderungen abweichen, die der Arbeitgeber in der Stellenanzeige nennt, dann sollten Sie in Ihrem Schreiben besonders auf diesen Punkt eingehen. Abweichungen könnten zum Beispiel fehlende Berufspraxis, überlange Studiendauer, Überalterung, falsche Fremdsprache usw. sein. Begründen Sie die Abweichung und machen Sie deutlich, warum Sie sich trotzdem bewerben.

Das künftige Gehalt sollte im Anschreiben nur dann erwähnt werden, wenn es in der Stellenausschreibung ausdrücklich verlangt wird. Als Berufsanfänger müssen Sie Ihre Gehaltsvorstellungen nicht nennen. Sie sollten aber den frühestmöglichen Eintrittstermin angeben. Außerdem sollte das Anschreiben folgendes enthalten:

Anschreiben

- die eigene Anschrift
- die Telefonnummer
- die Faxnummer
- das Datum des Anschreibens
- die korrekte Bezeichnung und Anschrift des Unternehmens und möglichst den Namen des Ansprechpartners
- in der Betreffzeile die Positionsbezeichnung, den Namen der Zeitung und das Erscheinungsdatum
- als Fußnote: Anlagen mit der konkreten Aufzählung der beigefügten Unterlagen

Ist in der Firma ein Ansprechpartner benannt, so ist die Bewerbung an ihn zu richten. Ansonsten lautet die korrekte Anrede: „Sehr geehrte Damen und Herren".

Das Anschreiben schließt mit den Worten: „Mit freundlichen Grüssen". Die Unterschrift erfolgt mit vollem Vor- und Zunamen.

Der Lebenslauf

Der Lebenslauf gibt auf knapp zwei DIN-A4-Seiten den persönlichen, schulischen und beruflichen Werdegang wieder. Er darf keine Lücken aufweisen. Personalsachbearbeiter sind darauf aus, diese Lücken aufzuspüren und im Vorstellungsgespräch ausführlich zu hinterfragen. Heute wird der Lebenslauf in der Regel nur noch in tabellarischer Form eingereicht. Er wird maschinenschriftlich auf weißem Briefpapier niedergelegt und ist in folgende Abschnitte gegliedert:

Lebenslauf

- Name, Vorname
- Anschrift, Telefonnummer, Faxnummer

- ◆ Geburtsdatum
- ◆ Familienstand, Anzahl der Kinder
- ◆ Staatsangehörigkeit
- ◆ Schul- und Berufsausbildung
- ◆ beruflicher Werdegang
- ◆ besondere Kenntnisse und Erfahrungen
- ◆ evtl. Hobbys
- ◆ Unterschrift (ohne Gruß)

Unter der Rubrik Ausbildung sollten Sie zunächst in chronologischer Reihenfolge die besuchten Schulen aufzählen, wobei Sie den Namen der Schule sowie den Ort nennen sollten. Der jeweils erzielte Abschluß ist ebenfalls anzugeben. Der Besuch einer Fach- oder Hochschule muß detailliert aufgeführt werden. Wichtig sind die Studienschwerpunkte, Ort, Zeitpunkt, Studiendauer und die Gesamtnote der Abschlußprüfung. Auch ein Studium im Ausland und die Promotion gehören in den Lebenslauf.

Zur Ausbildung zählt weiterhin die praktische Berufsausbildung, wie eine Lehre o.ä. Anzugeben ist die Art und Dauer der Ausbildung und das Unternehmen, in dem die Ausbildung gemacht wurde.

Die Noten des Facharbeiter- oder Gehilfenbriefs sind anzugeben. Betriebspraktika und Wehrdienst können ebenfalls genannt werden.

Die einzelnen Stationen Ihres beruflichen Werdegangs werden chronologisch aufgelistet. Dabei ist der Name der Firma, der Ort sowie die Position bzw. die Art der ausgeübten Tätigkeit und die Dauer der Beschäftigung mit genauer Monatsangabe aufzuführen. Aus diesen Daten sowie den Angaben über eventuelle Vollmachten und Sonderaufgaben kann der Personalsachbearbeiter weitere Schlüsse über Ihre Qualifikationen ziehen.

Können oder wollen Sie den derzeitigen Arbeitgeber nicht benennen, weil Sie in „ungekündigter Stellung" sind, dann sollten Sie eine allgemeine Tätigkeits- und Unternehmensbeschreibung mitschicken.

Als besondere Kenntnisse und Erfahrungen gelten Fremdsprachen, Teilnahmen an Weiterbildungsveranstaltungen, Veröffentlichungen und Auslandsaufenthalte. Auch Ehrenämter und ein Engagement in politischen oder sozialen Bereichen können genannt werden, sofern sie mit dem zukünftigen Aufgabengebiet im Zusammenhang stehen.

Wenn in der Stellenausschreibung ein handschriftlicher Lebenslauf gefordert ist, dann sollte eine maschinengeschriebene Fassung zusätzlich beigelegt werden. Wird eine Handschriftenprobe verlangt, so ist ein Text empfehlenswert, der in einem nahen Zusammenhang mit der Bewerbung steht. Zeugniskopien werden der Bewerbung in einer unbeglaubigten, sauberen und lesbaren Form chronologisch beigefügt. Mit den Zeugnissen soll ein vollständiger Nachweis der bisherigen Ausbildung und beruflichen Tätigkeit geführt werden. Hierzu gehören Abiturzeugnis, Vordiplomzeugnis, Diplomzeugnis und Urkunde, Staatsexamen, Praktikantenzeugnisse, Lehrbescheinigungen und -zeugnisse, der Facharbeiter- oder Gesellenbrief sowie sonstige Arbeitszeugnisse. Bei Ärzten gehören auch die Approbation und bei Volljuristen die Stationszeugnisse dazu. Liegt zum Zeitpunkt einer Bewerbung das Abschlußzeugnis noch nicht vor, so reicht ein vorläufiger Notenspiegel.

Das Foto

Das Foto, das unbedingt zu einem Lebenslauf gehört, sollte ein Farbfoto neueren Datums sein. Es gehört zum ersten Eindruck, den ein Personalchef von Ihnen bekommt. Deshalb darf es keinesfalls ein Automatenfoto sein; besser ist eine professionelle Aufnahme vom Fotografen. Die Kosten für ein gutes Foto sollten Sie nicht scheuen.

Auf der Rückseite des Fotos sollten Sie Name und Anschrift vermerken.

Das Foto wird entweder auf einer separaten Seite, bei einem Format von 10 x 13, oder, im Format eines Paßfotos, im oberen rechten Feld des Lebenslaufs angebracht.

Fehler, die Sie vermeiden sollten

Nicht erfolgversprechend sind folgende „Merkmale" einer Bewerbung:

Fehler im Bewerbungsschreiben

◆ farbiges Papier
◆ Ausbesserungen (mit Tipp-Ex etc.)
◆ Tippfehler
◆ Nichtbeachtung der DIN-Norm
◆ Grammatik- oder Interpunktionsfehler
◆ unübersichtliches Schriftfeld
◆ schlechtes Maschinenschriftbild (altes Farbband etc.)
◆ Nadeldrucker beim Computer
◆ schlechte Zeugniskopien (Billigkopien)
◆ Urlaubsfotos

Je nach Umfang der Bewerbung, sollten Sie ein- oder eineinhalbzeilig schreiben. Wichtig ist die Optik, ein ausreichender Seitenrand sowie eine gute Aufteilung des Textes über die ganze Seite.

So werden die Bewerbungsunterlagen der Reihe nach in einen Bewerbungsordner eingeheftet:

◆ Anschreiben (Bewerbungsschreiben)
◆ tabellarischer Lebenslauf mit Lichtbild
◆ Schulzeugnisse (Kopien)
◆ Arbeitszeugnisse (Kopien)

Die Bewerbungsunterlagen werden in einen Schnellhefter mit oder ohne Klarsichthüllen eingeordnet, wobei die Zeugnisse jeweils in chronologischer Reihenfolge abgeheftet werden.

Eine Kopie der Bewerbungsunterlagen und der Stellenausschreibung sollten Sie für Ihre Unterlagen behalten. Außerdem benötigen Sie sie auch für ein eventuelles Vorstellungsgespräch.

1.3 Das Vorstellungsgespräch – welche Fragen Sie im Vorfeld stellen sollten

Erhalten Sie eine Einladung zum Vorstellungsgespräch, so ist der erste Abschnitt der Bewerbung erfolgreich überstanden. Zwar haben Sie die Stelle noch nicht, aber Sie sind in der engeren Wahl und haben immerhin eine konkrete Chance.

Das lange Warten und Bangen ist vorerst beendet. Nun beginnt die Vorbereitung auf das Vorstellungsgespräch. Diese Vorbereitung sollte sehr viel zielgerichteter sein, damit Sie sich beim entscheidenden Gespräch sicher fühlen.

Das Einladungsschreiben können Sie als einen Erfolg in der ersten Runde verbuchen. Nun müssen Sie kurz den Termin schriftlich oder telefonisch bestätigen. Um eine Verschiebung des Termins sollten Sie nur bei wirklich wichtigen Gründen bitten.

Nun geht es in die zweite Runde, die nicht mehr auf dem Papier ausgetragen wird, sondern in der direkten Begegnung: Auge in Auge mit dem Personalchef und dessen „Verbündeten".

Auch für diese zweite Runde benötigen Sie Informationsmaterial, damit Sie mit einer gewissen Sicherheit ins Gespräch gehen und für alle Fragen gut gerüstet sind. Also heißt es jetzt, sich Informationen zu beschaffen.

Informationsmaterial über die Firma

◆ die Unternehmensstruktur der Firma
◆ die Beteiligungen, Zweigniederlassungen, Zweigwerke, Rechtsform und Konzerneinbindung sowie Auslandskontakte
◆ die hergestellten Produkte/Art der Dienstleistung
◆ die Umsätze und die Anzahl der Mitarbeiter
◆ die Geschichte des Unternehmens, Gründungsjahr, Gründer etc.

♦ die Namen der Geschäftsführer, der Vorstandsvorsitzenden, der Ressortchefs und den Namen des zukünftigen Fachvorgesetzten

Wo finden Sie nun alle diese Angaben? Quellen sind Geschäftsberichte, Bilanzen, Veröffentlichungen von Verbänden oder Firmenhandbücher, die Sie bei der örtlichen Industrie- und Handelskammer einsehen können. Auch Firmenprospekte oder Artikel in Wirtschaftsmagazinen geben hilfreiche Informationen. Die größten deutschen Unternehmen werden in dem Handbuch von „Hoppenstedt" aufgeführt und ausführlich vorgestellt.

Weitere nützliche Informationen erhalten Sie inzwischen in den meisten Fällen über das Internet. Dort haben fast alle großen Unternehmen eine eigene sogenannte „Homepage", mit deren Hilfe Sie wichtige Informationen direkt von Ihrem potentiellen neuen Arbeitgeber erfahren. Oft sind diese Homepages mittlerweile die besten Lieferanten für Firmeninformationen – angefangen von der Zahl der Mitarbeiter bis hin zu hauseigenen Stellenmärkten. Die Homepage sagt auch bereits einiges über die Firmenphilosophie aus. Nirgendwo sonst erfahren Sie mehr über die Corporate Identity Ihres Wunschunternehmens.

Nebenbei ist zusätzliches Hintergrundwissen über die Branche immer von Vorteil. So kann die spezifische Branchenentwicklung auch Auswirkungen auf die Geschäftspolitik des betreffenden Unternehmens haben. Sie sollten sich intensiv mit der Firma, ihren wirtschaftlichen Perspektiven sowie mit der Zukunft der gesamten Branche befassen, denn das ist im positiven Falle der Bewerbung auch Ihre Zukunft.

Für die Gesprächsvorbereitung ist es sehr hilfreich, wenn Sie sich Fragen notieren, die für Ihre eigene Entscheidung wichtig sind. Auf diese Weise finden Sie heraus, ob die Stelle tatsächlich der Ausschreibung entspricht und für Sie wirklich eine Verbesserung bedeutet.

Fragen an den Interviewer

♦ Wie ist die Abteilung organisiert, in der ich arbeiten werde?
♦ Wie sieht mein künftiges Arbeitsgebiet aus?
♦ Welche Verantwortungen werde ich zukünftig übernehmen?
♦ Welche Befugnisse habe ich bei meiner zukünftigen Arbeit?
♦ Wie bin ich zukünftig in die Führungsstruktur des Unternehmens miteingebunden?
♦ Wie sehen die Arbeitsbedingungen und die Anforderungen des Arbeitsplatzes aus?
♦ Welche Form der Personalentwicklung wird im Unternehmen betrieben? Bestehen Aufstiegschancen und wann?
♦ Wem bin ich direkt unterstellt, wer ist mir unterstellt und welche Vertretungsregelungen gibt es (Urlaub, Krankheit)?

Zum Vorstellungsgespräch sollten Sie unbedingt pünktlich erscheinen. Der Anfahrtsweg und die Anfahrtsdauer sollten vorher geklärt werden. Wenn Sie eine lange Anreise haben, empfiehlt es sich häufig, bereits am Vortag anzureisen, um unnötigen Streß zu vermeiden. Wenn Sie trotz aller Bemühungen den Termin nicht halten können, dann sollten Sie sich so schnell wie möglich mit der Firma in Verbindung setzen und die Situation erklären.

Die Kleidung und Erscheinung sollten dem Anlaß entsprechend, korrekt und gepflegt sowie der Position angemessen sein.

Das Vorstellungsgespräch wird vom Personalleiter oder einem Mitarbeiter aus der entsprechenden Abteilung, dem künftigen Abteilungsleiter oder dem künftigen Vorgesetzten geführt. Manchmal nimmt auch ein Psychologe an den Gesprächen teil.

Während die Personalabteilung für Fragen der Arbeitsbedingungen und -verträge zuständig ist, werden Fragen aus dem fachlichen Bereich und zur Position von den Vertretern der Fachabteilung gestellt. Manchmal werden solche Gespräche auch in getrennten Vorstellungen mit den zukünftigen Mitarbeitern geführt.

Das Vorstellungsgespräch ist der erste persönliche Kontakt zwischen dem Unternehmen und dem Bewerber. Es soll wesentlich zur Entscheidungsfindung des Unternehmens beitragen. Die zentrale Frage, die sich die Verantwortlichen stellen, lautet: „Paßt der Kandidat zu unserem Unternehmen, zu unserem Team?" Ihnen als Bewerber werden sich folgende Fragen stellen:

♦ Will ich in dieser Firma unter den gegebenen Umständen arbeiten?
♦ Passen die Kollegen zu mir?
♦ Passe ich in das Umfeld der Firma?
♦ Stimmen die Konditionen?

Die Gesprächspartner aus der Industrie erwarten nicht nur detaillierte Aussagen über das fachliche Profil, über die Aus- und Weiterbildung und die bisherigen beruflichen Erfahrungen, sondern möchten auch die sozialen Fähig- und Fertigkeiten des zukünftigen Mitarbeiters kennenlernen. Je höher die Position angesiedelt ist, desto mehr wird auf die Persönlichkeit des Bewerbers geachtet. Als Bewerber sollten Sie selbstbewußt auftreten und sich natürlich verhalten, nichts übertreiben und kein Theater spielen. Ein gekünsteltes Verhalten wird nur allzurasch durchschaut und nur Berufsschauspieler schaffen es, während des gesamten Gesprächs in der gewählten Rolle durchzuhalten.

Auf welche Fragen sollten Sie sich vorbereiten?

Es hilft für die eigene Entscheidung, um einen Organisationsplan und um eine Arbeitsplatzbeschreibung zu bitten. Im Gespräch sollten Sie nicht allzusehr in die Betriebsinterna einsteigen, sonst werden Sie leicht als zu neugierig eingestuft. Gute Gesprächspunkte sind Unternehmensperspektiven, Marktentwicklung und Branchenfragen.

Wenn beide, also das Unternehmen und auch Sie, das Gefühl haben, daß eine zukünftige Zusammenarbeit ernsthaft in Frage kommt, geht es um die Details des Arbeitsvertrags – also um Konditionen, Gehalt und Nebenleistungen. Das alles wird noch ausführlich besprochen. Von Berufsanfängern wird im Gehaltsbereich meist sehr viel Flexibilität erwartet. Die Einstiegsgehälter von Fachhochschul- und Hochschulabsolventen liegen fast immer im Tarifbereich. Kaum ein Unternehmen hat hier viel Handlungsspielraum. Jedes Gehalt muß sich am Gehaltsgefüge der Firma orientieren. Gegenstand einer Verhandlung könnte jedoch eine Gehaltsverbesserung nach der Probezeit sein.

Neben dem monatlichen Gehalt werden im allgemeinen zusätzliche Leistungen vereinbart, die je nach Unternehmen sehr unterschiedlich ausfallen und ein beträchtliches Ausmaß annehmen können. Hierzu gehören betriebliche Sozialleistungen, Sonderzahlungen, Betriebsrente, zinsgünstige Darlehen, Fahrtkostenerstattungen, Urlaubsgeld, 13. Gehalt und Jahresprämien, um nur einige herauszugreifen.

Unter Umständen kommt es zu weiteren Vorstellungsgesprächen, meist mit Gesprächspartnern aus einer höheren Führungsebene. Der Kreis der Kandidaten ist in einem solchen Fall bereits viel kleiner geworden und Ihre Chancen haben sich dadurch enorm erhöht.

Checkliste Kapitel 1

Bitte beantworten Sie die folgenden Fragen. Die Antworten finden Sie im Anhang.

1. Aus welchen Unterlagen besteht eine Bewerbungsmappe?
2. Welche Punkte sollten im Anschreiben erörtert, was sollte vermieden werden?
3. Welchen Vorteil bringt Hintergrundwissen über die Firma, und wo erhalten Sie entsprechende Informationen?
4. Mit welchen generellen Fragen gehen Sie zum Vorstellungsgespräch?
5. Welche Kenntnisse sollten Sie im Lebenslauf aufführen?
6. Welche Zeugnisse sollten der Bewerbung beigefügt werden?
7. Wenn das Abschlußzeugnis zum Zeitpunkt der Bewerbung noch nicht vorliegt, was ist dann zu tun?
8. Welche Länge sollte ein Bewerbungsanschreiben haben?
9. Wie soll man sich zur momentanen Stelle äußern, wenn man den Arbeitgeber nicht nennen will?
10. Was sollte im Lebenslauf unter Ausbildung aufgeführt werden?

2. Keine falsche Bescheidenheit – Frauen im Vorstellungsgespräch

„Ich kann gut erzählen, eigentlich bin ich meiner Lehrerin schon immer als Plaudertasche aufgefallen. Ich spreche mehrere Sprachen – sicher nicht alle gleich gut, aber ich mußte schon zwei in der Schule lernen. Darunter Russisch, das ich leider nur mit einer Fünf abgeschlossen habe...“ Der Personalchef ist kritisch: Die zukünftige Reiseleiterin, die er gerade interviewt, hat alle gewünschten Fähigkeiten für den Job. Trotzdem bekommt sie die Stelle nicht. Warum?

2.1   Das Gesamtbild ist wichtig

Nach einer amerikanischen Studie aus den achtziger Jahren wird der Weg zum Erfolg von drei Faktoren bestimmt, nämlich durch Leistung, Auftreten und Kontakte. Soweit, so gut. Was die Leistung betrifft, ist dies bekannt und verständlich. Leider macht die Leistung bei der Personalentscheidung nur zehn Prozent aus. Wichtiger gewertet wird das Auftreten mit 40 und die Kontakte mit 50 Prozent.

Für Frauen ist dies oft ein Nachteil. Die meisten Frauen haben nämlich in die fachlichen Qualifikationen investiert, die nur mäßig honoriert werden. Frauen machen eine Weiterbildung nach der anderen, anstatt sich auf den „Verkauf der eigenen Person“ zu konzentrieren.

Viele Frauen mit hervorragenden Qualifikationen haben aus diesen Gründen keinen Erfolg. Sei es nun die Reiseleiterin mit den hervorragenden Sprachkenntnissen, eine Frau, die seit Jahren im Fundraising Spenden von großen Firmen einholt, eine selbständige Designerin oder eine Informatikerin, die ihren Sohn allein erzieht. Solche Frauen haben ein großes Problem: Sie werden trotz guter fachlicher Voraussetzungen sehr oft nicht eingestellt, weil sie sich bei Vorstellungsgesprächen nicht richtig verkaufen können.

Wie können Sie Ruhe, Stärke und Dynamik ausstrahlen? Es gibt Seminare zum Thema „Werbung in eigener Sache". Individuelle Veranstalter, Industrie- und Handelskammern sowie Volkshochschulen bieten solche Kurse und Seminare an.

„Das Leben ist ein Zirkus", sagt etwa zu Beginn des Kurses der Trainer. „Jede darf sich für einen Zirkusjob bewerben. Von der Seiltänzerin bis zum Clown." Die Damen, die anfangs teilweise noch mit hängenden Schultern dasitzen und etwas scheu zum Trainer aufschauen, beginnen, sich in Dreiergrüppchen zu organisieren. Jede spielt je einmal die Rolle der Chefin, Bewerberin und Personalsachbearbeiterin.

„Ich bin im Zirkus groß geworden und wollte eigentlich schon immer Dompteuse werden", sagt die selbständige Designerin. „Den Gehaltswunsch passe ich selbstverständlich Ihrem Budget an."

„Falsch", unterbricht der Trainer. „Sie machen typisch weibliche Fehler. Das Wörtchen 'eigentlich' müssen Sie vermeiden. Am besten vergessen Sie es ganz, streichen es aus Ihrem Vokabular."

„Eigentlich" gehört zu den Wörtern, mit denen viele Frauen im Vorstellungsgespräch ihre Kompetenz reduzieren. Gefordert sind kurze und prägnante Antworten auf die Fragen der Personalchefs. Doch viele Frauen neigen dazu, sich für positive Aussagen und Eigenschaften zu entschuldigen oder langatmige Erklärungen abzugeben. So entsteht der Eindruck, als mißtrauten sie sich selbst.

Die Aufgabe des Trainers liegt u.a. darin, den Seminarteilnehmerinnen durch praktische Übungen Selbstsicherheit in der Darstellung ihrer Fähigkeiten zu vermitteln. Die Trainer selbst sind Vorbild, indem sie Fachwissen und soziale Kompetenz in idealer Weise verbinden. Eine Fähigkeit, die die Teilnehmerinnen erlernen sollen. Die Selbstpräsentation des Leiters motiviert unsichere und schüchterne Frauen, sich aktiv am Seminar zu beteiligen und zu lernen.

So werden auch Vorstellungsgespräche praktisch geübt. Wenn dann während eines „Vorstellungsgesprächs" die Exkurse ins Private zu lang werden, muß die „Bewerberin" sanft zurückgeführt werden. Auch das typisch weibliche Grundmuster der Zurückhaltung sollte verändert werden. Dazu ist Anleitung und Training nötig. Frauen neigen sehr zu einer übermächtigen Selbstkritik, die massiv reduziert werden müßte. Dies sollte, soweit es möglich ist, in dem Seminar geschehen. Es geht um Lob, genauer gesagt um Eigenlob. Das Ziel ist erreicht, wenn jede Teilnehmerin ihre Fähigkeiten optimal darstellen kann, wenn sie sich nicht mehr vor eigenem Lob scheut, sondern sich sicher und überzeugend präsentieren kann. Ihre beruflichen Chancen steigen enorm, wenn eine Frau in der Lage ist, klar zu sagen, was sie kann.

Um dieses Ziel zu erreichen, muß jede Seminarteilnehmerin eine „Liste von zehn positiven Aussagen" anfertigen.

Wenn dann zum Beispiel aufgeführt wird: „Relativ gute Kenntnisse der Informatik", so ist dies eine gnadenlose Untertreibung, vor allem, wenn man 15 Jahre Berufserfahrung vorweisen kann. Kein Mann würde so etwas von sich behaupten! Auch wenn man Aufschneider gar nicht leiden kann, so gehört die Selbstpropaganda doch zu einer erfolgreichen Bewerbung.

2.2   Frühkindliche Erziehungsunterschiede

Warum fällt es vielen Frauen so schwer, sich selbst zu loben? Die Ursachen liegen in der Kindheit. Wenn Frauen sich die ersten Mahnungen ins Gedächtnis zurückrufen, dann erinnern sie sich an Äußerungen wie:

- „Sei bescheiden."
- „Die Klügere gibt nach."
- „Das Denken überläßt man besser den Pferden, die haben einen größeren Kopf."
- „Halt den Mund, es kommt sowieso nichts Gescheites raus."
- „Eigenlob stinkt!"

Diese oder ähnliche Sprüche aus der Kindheit wirken bei vielen Frauen oft ein Leben lang; sie sind zur unbewußten Richtschur ihres Handelns geworden. Solche inneren Hemmnisse müssen aber abgebaut werden, um sich selbst und seine Fähigkeiten richtig darstellen zu können.

In der Theorie erkennen dies viele Frauen, aber oft kommt die Praxis zu kurz. Nur im Rollenspiel kann Selbstbewußtsein und Sicherheit erlernt und eingeübt werden.

♦ Stellen Sie sich vor einen Spiegel und drücken Sie ohne Worte aus: „Ich bin wichtig."

Das ist nur eine der Aufgaben im Rollenspiel. Andere Beispiele könnten sein:

♦ Sie begegnen einem Interviewer und denken: „Ich bin die Richtige, ich bekomme die Stelle."
♦ Schauen Sie dem Personalchef in die Augen und stellen Sie sich dabei intensiv vor: „Ich bin wichtig. Ich habe etwas zu sagen." Vermitteln Sie dies durch Ihre Körperhaltung.

Im Gegensatz zu früher, als immer der andere wichtiger war, soll nun die eigene Person im Mittelpunkt stehen. Auf diese Art und Weise wird gleichzeitig das Konkurrenzverhalten geübt – ein wichtiger Aspekt der sozialen Kompetenz.

Wahrscheinlich reicht ein Tagestraining nicht aus, um eine tiefgreifende und langfristige Veränderung zu bewirken, aber zumindest ist der Anfang gewagt, der erste Schritt getan.

Am Ende des Seminars sollen die Teilnehmerinnen eigene Ziele formulieren und auf einem Blatt notieren. „Die neue Chefin der Abteilung" steht in einem Heft zu lesen, oder „Jetzt ist der neue Top-Job erreicht. Das Vorstellungsgespräch wird ein voller Erfolg, der Personalchef ist begeistert."

Nun geht es darum, daß jede der Teilnehmerinnen ein Vorstellungsgespräch als Rollenspiel macht. Die Designerin soll beispielsweise erklären, welche Qualifikationen sie in die Firma einbringen kann und

welche Vorteile dies für die Firma bringt. Das ist wichtig, um konkrete Strategien für das nächste Bewerbungsgespräch zu entwickeln.

Um Veränderungen im Verhalten zu bewirken, braucht man oft mehr
als ein einziges Kompaktseminar. Je öfters mit Hilfe von Trainern
auch praktisch geübt wird, desto schneller kann sich das Selbstbewußtsein entwickeln. Und irgendwann kommen alle Teilnehmerinnen
zu der Erkenntnis: Eigenlob stimmt.

Seminare und Kurse zur Verbesserung der sozialen Kompetenz werden zumeist von Psychologen geleitet. Diese Kurse sind besonders für
hochqualifizierte Frauen geeignet, die wieder in den Beruf zurückkeh-
ren wollen, die den Beruf wechseln möchten oder auf der Karriere-
leiter stehengeblieben sind. Diesen begabten und motivierten Frauen
fehlt nur eines: ein positives Selbstbild. Das kann man erlernen und
trainieren.

2.3   Hinweise zum Training

Sie können Ihre soziale Kompetenz mit diesem Buch trainieren. Ab
Kapitel 7 finden Sie eine Menge praktische Übungen, Frage- und
Antwortbeispiele, die Ihnen dabei helfen werden, auch auf unange-
nehme Fragen im Vorstellungsgespräch kompetent zu antworten.

Sie können üben, indem Sie Bewerbungsgespräche mit einem Partner
als Spiel gestalten. Wählen Sie überzeugende Antworten, die Sie mit
Nachdruck aussprechen. Alle Antworten, die in diesem Buch vorgegeben sind, müssen Sie natürlich Ihrer persönlichen Situation anpassen. Stellen Sie sich während des Rollenspiels ganz fest vor: „Ich bekomme den Job!"

Denken Sie intensiv an Ihr Ziel. Verhalten Sie sich so, als ob Sie den
Vertrag bereits in der Tasche hätten. Mit Hilfe einer optimalen Vorbereitung schaffen Sie es ganz bestimmt.

Checkliste Kapitel 2

Bitte beantworten Sie die folgenden Fragen. Die Antworten finden Sie im Anhang.

1. Welche drei Faktoren – mit jeweils welchem Prozentsatz -spielen eine entscheidende Rolle für den Erfolg im Beruf?
2. Welches Wort sollten Sie tunlichst bei einem Vorstellungsgespräch vermeiden und warum?
3. Wie kann man Selbstbewußtsein, Sicherheit und Präsentation der eigenen Fähigkeiten lernen?
4. Welches sind die typischen weiblichen Verhaltensweisen, die eine fachlich kompetente Frau am Erfolg hindern? Was können Sie dagegen tun?
5. Wie können Sie sich selbst motivieren?
6. Frauen sind durchwegs ebenso gut qualifiziert wie Männer. Warum scheitern sie so oft bei der Bewerbung? Was können Sie tun, um Ihre Chancen zu verbessern?
7. Mit welcher Ausstrahlung verkauft frau sich am besten?
8. Wie können Sie Ihre Ausstrahlung verbessern?
9. Was ist die Ursache für die typischen weiblichen Verhaltensweisen?
10. Was müssen Sie lernen, um erfolgreich zu sein?

3.   Allgemeine Verhaltensregeln

Die Einladung zum Interview liegt auf Ihrem Tisch. Das heißt für Sie, daß die letzte Entscheidung während des Vorstellungsgesprächs fallen wird. Sie zählen zu den Gewinnern. Aber wie sollen Sie sich verhalten? Von anfangs vielleicht 80 oder 100 Bewerbern sind jetzt nur noch vier oder fünf übriggeblieben. Alle anderen Kandidaten sind in der Vorrunde ausgeschieden. Aus ökonomischen Gründen werden meist nur vier oder fünf Bewerber in die engere Wahl genommen.

Martin Berger[1] von der Kienzle Personalberatung, der im Jahr mehr als 1.200 Bewerbungsgespräche durchführt, sagt: „Ich gehe immer etwas nervös in das Gespräch. Ich weiß zwar nicht, was mich erwartet, aber ich muß mich entscheiden, entweder für oder gegen den Bewerber."

Entschieden wird im Interesse des Unternehmers, der zumeist beim Interview vertreten ist und auch das letzte Wort hat. So darf zum Beispiel ein zukünftiger Bankangestellter nicht zu forsch mit den Kunden umgehen. Der kommt die Bank genauso teuer zu stehen, wie einer, der zu schüchtern ist.

Selbstverständlich spielt auch das äußere Erscheinungsbild eine große Rolle. So kann sich schon im ersten Augenblick entscheiden, ob der Bewerber für den Kundenkontakt geeignet ist. Die Kleidung muß ordentlich, sauber und gepflegt sein – so wie es in der Branche üblich ist. Ein Sachbearbeiter in einer Bank ist anders gekleidet als ein Werbeassistent.

Dem Interviewer ist klar, daß der Kandidat nervös ist. Auch er spürt ein leichtes Kribbeln in der Magengegend. Wenn es nicht anders geht, dann rät Berger zur Flucht nach vorne. Warum sollten Sie nicht ganz offen sagen, daß dies Ihr erstes Vorstellungsgespräch ist? „Außerdem sollte sich jeder Bewerber darüber im klaren sein, daß er bereits die ersten Hürden genommen hat, indem er die schriftliche Bewerbung

---

[1] Name geändert.

und eventuelle Tests erfolgreich absolviert hat. Das gibt ein gewisses Maß an Selbstsicherheit."

Die Bedeutung des Vorstellungsgesprächs ist von Branche zu Branche, aber auch von Unternehmen zu Unternehmen unterschiedlich. So wird im gewerblich-technischen Bereich eher Wert auf gute Schulnoten, Testergebnisse und Arbeitszeugnisse gelegt.

Bei Banken, Handel und Versicherungen, wo direkter Kundenkontakt besteht, gibt der persönliche Eindruck eher den Ausschlag. Doch dieser erste Eindruck kann oft falsch sein. Um die Persönlichkeit ein wenig transparenter zu machen, gehen manche Betriebe des Dienstleistungsbereichs dazu über, das Vorstellungsgespräch in ein strukturiertes Interview umzuwandeln.

Der Personalsachbearbeiter nimmt einen Fragebogen mit in das Gespräch und trägt Punkt für Punkt die Antworten ein. Anschließend stuft er den Bewerber nach einer Werteskala von „sehr gut geeignet" bis „nicht geeignet" ein.

Berger rät jedem Bewerber, sich so natürlich wie möglich zu geben. „Dadurch kommt es zu keinen Verkrampfungen. Es ist ein Vabanquespiel, wenn man versucht, sich so weit wie möglich anzupassen. Schließlich erhält man den Job, ist aber mit dem Arbeitsplatz überhaupt nicht glücklich, weil man durch übergroße Anpassung an die falschen Leute geraten ist."

Der Tachometer- und Meßgerätehersteller VDO geht sogar noch einen Schritt weiter. Zu den Vorstellungsgesprächen bei den Lehrlingen werden die Eltern miteingeladen. Zunächst werden sie durch den Betrieb geführt, anschließend wird ein intensives Gespräch mit Lehrling und Eltern geführt.

VDO machte damit positive Erfahrungen. „Wenn die Eltern einbezogen werden, dann integriert sich der Auszubildende bedeutend besser in den Betrieb" meint Berger. Beim anschließenden Vorstellungsgespräch fallen nur noch Bewerber durch, die nicht in die Firma passen.

Trotz vieler Unterschiede gibt es in jedem Vorstellungsgespräch einen typischen Verlauf: Der Personalchef beginnt mit einer Aufwärmfrage nach dem Motto: „Wie war die Anreise? Haben Sie uns sofort gefunden?" Dann läßt er den Bewerber aus seinem Leben, von seiner Schulzeit, Ausbildung und beruflichen Erfahrung berichten. Daraus ergeben sich schon die ersten Anknüpfpunkte, und schon ist das Gespräch in Gang. Nach und nach folgen Standardfragen, wie beispielsweise nach dem Berufswunsch, beruflichen Zielen, Hobbys, Familie und Weiterbildung.

Zum Abschluß des Gesprächs kommt noch die Standardfrage: „Haben Sie noch irgendwelche Fragen an uns?"

Bei dieser Gelegenheit können Sie zeigen, wie gut Sie sich bereits über das Unternehmen informiert haben. Stellen Sie Fragen nach den Arbeitsplatzbedingungen, den Aussichten des Betriebs, betriebsinternen Weiterbildungsmöglichkeiten und dem Gehalt. „Denn es wäre sicher verwunderlich, wenn sich ein zukünftiger Kaufmann nicht nach seinem Gehalt erkundigen würde", meint Berger. Allerdings sollte man keine überflüssigen Fragen stellen. Überlegen Sie Ihre Fragen genau – zuwenig ist ebenso schädlich wie zuviel.

Ein anderes Phänomen, von dem Berger unbedingt abrät, ist der Versuch, den idealen Bewerber spielen zu wollen. Das ist, wie bereits erwähnt, ziemlich schwierig. Einen „idealen Bewerber" gibt es nämlich nicht, da die Kriterien von Unternehmen zu Unternehmen anders gewertet werden. Die wichtigste Eigenschaft, die ein Bewerber mitbringen sollte, und das betonen die Unternehmen einheitlich, ist Ehrlichkeit.

„Wir kennen die Sprüche schon alle auswendig", meint Berger. „Der Bewerber wollte schon immer Microelektroniker werden. Er hat sich ausführlich über den Beruf informiert. Er macht das ganze sowieso als Hobby etc."

Bei solchen Sätzen wird oft sofort eingehakt, und dann haben die meisten Bewerber ein Problem.

Eine mögliche Alternative ist eine ehrliche Antwort: „Ich habe mich überall beworben, aber mir zumeist nur Absagen eingehandelt. Bei Ihnen hat es auf Anhieb geklappt."

Das, so meint Berger, ist eine Antwort, die jeder Personalchef akzeptieren kann. Dafür vergeben manche sogar insgeheim Pluspunkte.

Soll das Verhalten eines idealen Bewerbers positiv definiert werden, wird von den Unternehmen eher zurückhaltendes Auftreten erwartet. Wichtig ist eine gute verbale Ausdrucksfähigkeit. Das muß manchmal mit einem Kurzvortrag über ein allgemeines Thema bewiesen werden. Wichtig ist auch eine angenehme, natürliche äußere Erscheinung. Es sind weder bunte Hemden und Jeans noch der feinste Anzug bzw. das teuerste Sakko angebracht. Gehobene Freizeitkleidung wird in den meisten Fällen vollkommen ausreichen. Wer in Turnschuhen oder in Cowboystiefeln und Jeans zur Vorstellung kommt, dokumentiert einen schlechten Stil. Die meisten Unternehmen legen Wert auf eine eher konservative Kleidung.

Weiterhin sollten Sie als Bewerber eine gewisse Zielstrebigkeit zeigen. Sie sollten wissen, was Sie wollen. Angesprochen auf Ihre zukünftigen beruflichen Ziele, sollten Sie klare Antworten parat haben, wie zum Beispiel:

- Ich möchte in ... Jahren meine Kenntnisse in .... so verbessert haben, daß ich zum Abteilungsleiter aufsteigen kann.
- Ich lerne ... Sprache und möchte später in einer Ihrer Niederlassungen in Asien arbeiten.
- Ich habe vor, langfristig die ... Laufbahn einzuschlagen und stelle mir vor, in ... Jahren ... erreicht zu haben.

3.1   Umgang mit Angst, Nervosität und Aggression

Ich schildere Ihnen hier eine schwierige Situation: Der Bewerber Anton Reichert[1] wird vom Personalsachbearbeiter Pascal Schilling[2] interviewt. Sie sitzen sich gegenüber. Sie sehen sich zum ersten Mal. Nach einem kurz hingeworfenen „Guten Morgen, setzen Sie sich bitte", sagt Schilling weiter: „Eigentlich weiß ich gar nicht, was ich hier mit Ihnen soll. Die freien Positionen sind sowieso schon alle besetzt. Und wenn eine frei wäre, würde ich sie Ihnen zuletzt geben."

Was soll Herr Reichert nun tun? Wenn er sehr schnell handelt, hätte er im Normalfall zwei Möglichkeiten:

♦ Er könnte seinerseits auf Schilling losgehen und könnte sich zum Beispiel dessen beleidigenden Ton verbieten. Er könnte ihm anheimstellen, doch zuerst einmal den Sachverhalt zu erklären, bevor er zu einem solch negativen Schluß kommt.
♦ Er könnte aber auch den Sachbearbeiter einfach ignorieren und das Gespräch möglichst unbefangen weiterführen, in der Hoffnung, daß sich im weiteren Verlauf eine Lösungsmöglichkeit abzeichnet.

Egal, ob sich Herr Reichert nun kämpferisch-aggressiv oder flüchtend-unsicher verhält, die Konsequenzen sind die gleichen: Der eigentliche Konflikt wird nicht gelöst. Wahrscheinlich wird Herr Reichert nach dem Bewerbungsgespräch zu Hause darüber nachgrübeln, warum das Gespräch so gelaufen ist und sich fragen, welchen Fehler er wohl gemacht hat. Hätte er dem Personalsachbearbeiter doch gleich Kontra geben sollen? Vielleicht handelte es sich um ein Streßinterview und man wollte seine Selbstsicherheit austesten?

Kampf und Flucht sind zwei Überlebensreaktionen, die wir von unseren Vorfahren übernommen haben. Bei Wut und Angst wird das logische Denken blockiert. Der Blutstrom wird durch einen Adrenalinaus-

---

[1] Name geändert.
[2] Name geändert.

stoß direkt zu den Arm- und Beinmuskeln umgeleitet, um sie auf eine körperliche Reaktion vorzubereiten.

Schon Kleinkinder sind mit Angst und Aggression konfrontiert. Kinder sind von Natur aus noch sehr selbstsicher. Zu den ersten Worten gehört bereits das Wort „nein". Doch im Laufe der Zeit verlernen wir unsere kindliche Selbstsicherheit.

Die Praxen von Psychologen sind voll von Menschen, die sich zu stark auf Kampf und Flucht als Überlebenstechnik verlassen. Ihr Leben ist voller Probleme. Aber die Probleme an sich machen uns nicht unsicher, aggressiv oder krank, sondern unsere Reaktionen darauf. Natürlich können wir sagen, daß uns andere Menschen aggressiv und unsicher machen. Das stimmt aber nicht. In Wirklichkeit machen wir uns selbst unsicher und unglücklich. Wäre das nicht so, dann müßten alle anderen genau mit demselben Verhalten reagieren, was aber nicht stimmt. Was den einen völlig aus dem Häuschen bringt, läßt den anderen seelenruhig.

Schauen wir uns die für eine Bewerbung wichtigen Eigenschaften an, die das optimale Verhalten zur Zielerreichung garantieren:

Aggression und Selbstsicherheit im Vorstellungsgespräch

Ziel: Angebot eines Arbeitsvertrags

reale Aktion	Verhalten unsicher	Verhalten aggressiv	Verhalten selbstsicher
Einstellung zu sich selbst	verleugnet sich und seine Bedürfnisse, fühlt sich als Verlierer	fühlt sich überlegen, muß sich immer durchsetzen	realistisch und selbstkritisch, ist sich sicher
Verhalten	schüchtern, ängstlich, gehemmt, verwirrt, stumm	herablassend, kritisch, arrogant, kämpferisch	zeigt Selbstvertrauen, ist sicher und flexibel
Akzeptanz anderen gegenüber	sieht andere als überlegen an, läßt diese über sich entscheiden	fühlt sich anderen überlegen und wertet sie vor sich ab	kooperativ, fühlt sich als gleichberechtigt, trifft eigene Entscheidungen
Zielerreichung	erreicht sein Ziel selten oder per Zufall	erreicht sein Ziel nur vorübergehend	erreicht sein Ziel häufig

Unsicherheit

Unsicherheit bei Vorstellungsgesprächen ist oft auf ein negatives Selbstbild zurückzuführen. Man traut sich selbst nichts zu und hat Angst, daß andere das bemerken. Diese Angst vor dem Gesichtsverlust, vor dem Versagen und vor dem Unterlegensein kann tief sitzen.

Oft ist diese Angst anerzogen, zum Beispiel durch überhöhte Forderungen der Eltern. Unsicherheit ist nur bedingt realistisch, d.h. sie entspricht nicht immer den objektiven Gegebenheiten. Der unsichere Mensch kann Opfer seiner sich selbst erfüllenden Voraussage werden.

Wie entsteht Unsicherheit?

Etwa durch gezielte Beeinflussung während der Kindheit und Jugendzeit durch die erziehenden Eltern. Man kann dem Kind zum Beispiel oft genug sagen: „Aus dir wird nichts." – „Wenn du so weitermachst, bringst du es zu nichts." etc.

Die Scheidung der Eltern wirkt sich negativ auf die Selbstsicherheit von Kindern aus. Die Scheidungssituation wird von kleinen Kindern als traumatisch erlebt, und sie fühlen sich hilflos. Oft machen sie sich sogar selbst für das Scheitern der Ehe der Eltern verantwortlich. Das Urvertrauen in den Bestand einer sozialen Beziehung geht verloren. Damit ist eine spätere tiefe Unsicherheit in allen Lebensbereichen vorprogrammiert.

Erlebnisse, die einmalige Pleiten oder Mißerfolge waren, die aber ungerechtfertigter Weise generalisiert werden, können zu tiefer Lebensangst führen. So kann schon eine nicht bestandene Prüfung dazu führen, daß ähnliche Situationen – also jede Art von Prüfung und sei sie noch so unwichtig – in Zukunft vermieden werden. Möglicherweise wird die Angst vor einem möglichen Versagen dann auf viele weitere Lebensbereiche übertragen.

Wie wirkt sich Unsicherheit aus?

Eine negative Einstellung zu sich selbst läßt sich in der Vorstellungssituation an vielen Kleinigkeiten beobachten:

Man wertet sich selbst ab und verzichtet auf Anerkennung und Dank:

♦ „Sie haben sich für uns interessiert; dafür vielen Dank."
♦ „Nichts zu danken."
♦ „Aber das war doch selbstverständlich."
♦ „Mein Erfolg war doch reiner Zufall."
♦ „Nun, das ist ja alles halb so wild."

Aber auch in den folgenden Formulierungen drückt sich Selbstunsicherheit aus:

Auf den Satz: „Bedienen Sie sich ruhig, wir haben einen kleinen Imbiß für Sie hergerichtet" reagieren viele Menschen mit:

♦ „Aber das wäre doch nicht nötig gewesen."
♦ „Wenn Sie nichts dagegen haben, könnte ich vielleicht meine Bewerbungsmappe vorzeigen."
♦ „Wenn Sie meinen, würde ich sagen, daß ..."

Wenn es möglich ist, läßt man den anderen den Vortritt an der Tür oder wartet ab, bis sie eine Entscheidung getroffen haben. Eigene Entscheidungen sind damit hinfällig. Man geht nicht auf andere zu, sondern wartet ab, bis diese auf einen zukommen. Im Bewerbungsgespräch entsteht so der Eindruck von Unsicherheit, von einzelgängerischer Zurückgezogenheit („Sie passen nicht ins Team"). Damit verringern sich die Einstellungschancen erheblich. Selbstunsichere Menschen haben lediglich ein Defizit in der Selbstwahrnehmung und -darstellung, was aber nichts mit der Leistung oder der Intelligenz zu tun haben muß.

Die Tendenz, Augenkontakt zu vermeiden, zeigt ebenfalls Unsicherheit. Negative Folgen kann dies im Vorstellungsgespräch haben, wo es ja besonders auf eine offene und ehrliche Wahrnehmung ankommt. Selbstunsicheren Personen wird deshalb immer empfohlen, einen Punkt auf der Stirn des Gesprächspartners zu fixieren, um auf diese Weise einen Augenkontakt vorzutäuschen. Tatsächlich bemerkt ein ungeübter Gesprächspartner den Unterschied nicht.

Selbstunsicherheit geht leider häufig einher mit einer gewissen Geistesabwesenheit, mit fehlender Konzentration auf das, was gerade passiert. Ausgerechnet in Situationen wie dem Bewerbungsgespräch, in dem es auf Geistesgegenwart, schnelle Reaktion und Schlagfertigkeit ankommt, sind Unsichere nicht voll da, gedanklich nicht ganz präsent. Sie erinnern sich in ständig wiederkehrenden Gedanken an die Niederlagen der Vergangenheit und haben Angst vor der Zukunft. Sie sind so sehr mit sich selbst beschäftigt, daß sie sich nur noch teilweise auf das konzentrieren können, was um sie herum geschieht. Mit einer Methode aus der Verhaltenstherapie kann man lernen, solche negativen Gedankenmuster zu unterbrechen.

Als Konsequenz einer sich selbsterfüllenden Prophezeiung kann sich so auf längere Sicht ein Mißerfolg nach dem anderen einstellen. In diesen negativen Erfahrungen, die ja dann nicht mehr Phantasien oder Einbildungen sind, bestätigen sich die ursprünglichen negativen Erwartungen. Das drückt sich dann in dem Satz aus: „Warum bemühe ich mich eigentlich, ich hätte den Job ja sowieso nicht gekriegt."

Aggressivität

Aggressivität im Vorstellungsgespräch wird oft nach dem Motto verstanden: „Angriff ist die beste Verteidigung." In Situationen, wo selbstunsichere Menschen zögern, hat der Aggressive gelernt, daß er auftrumpfen, daß er dominant sein muß, um besser als die anderen zu sein.

Hilft das beim Vorstellungsgespräch? Wenn man Normen akzeptiert, wie sie der „Aggressive" an sich stellt, dann ist es praktisch unmöglich, Mißerfolgserlebnisse produktiv zu verarbeiten. Wer kann „immer perfekt sein"? Wer „läßt sich nie etwas gefallen"? Eine solche Einstellung führt dazu, daß man ständig Ausschau nach anderen Menschen hält, die einem überlegen sein könnten.

Wird ein solches Verhalten auf die Vorstellungssituation übertragen, dann sind zweifelsfrei bereits die ersten Konflikte vorprogrammiert. Bereits während des Vorstellungsgesprächs kann es zu einem verdeckten, vielleicht sogar zu einem offenen Angriff kommen. Denn aggressive Persönlichkeiten erlauben sich nicht, Angst vor dem Interviewer zu haben oder unsicher zu wirken.

Kommt es zu einem Mißerfolg, dann sind grundsätzlich die anderen Schuld. „Der hat mich schon beim Eintreten schief angeschaut." „Die wollten mich verschaukeln, aber ich habe denen gezeigt, daß die so etwas mit mir nicht machen können." Solche oder ähnliche Sätze werden in einer gestenreichen Drohgebärde ausgesprochen.

Vom Verhalten her sind aggressive Personen immer sehr rechthaberisch, auch wenn sie zum Schein auf Gegenargumente eingehen. Sie klammern sich häufig an Normen, Vorurteile und Traditionen. Oft sind diese Normen aber nur ihnen selbst geläufig: „Das macht man aber so." Aus diesem Gunde gibt es zahlreiche Mißverständnisse.

Hilft ein aggressiver Mensch einem anderen, so will er nur seine eigene Überlegenheit und Unentbehrlichkeit demonstrieren. Solche Menschen erteilen unaufgefordert Ratschläge und warten dann darauf, daß man sich danach richtet. Auch im Vorstellungsgespräch können sie zur Besserwisserei neigen. „Das, was Sie mich jetzt fragen, hat mit dem Job aber gar nichts zu tun", oder „Diese Fragen dürfen Sie mir gar nicht stellen. Statt dessen sollten wir uns über den Personalaufbau der Firma unterhalten." Geht etwas schief, so lautet der lakonische Kommentar: „Ich habe das gleich kommen sehen."

Besonders in Situationen, in denen nicht von vornherein klar ist, wer der Führer und wer der Geführte ist, läßt sich der Wille des aggressiven Menschen zur Durchsetzung gut beobachten. Schon bevor einer der Beteiligten es bewußt wahrgenommen hat, übernimmt der Aggressive die Führerrolle und verteilt die Aufgaben, gibt Anweisungen. Läßt man diese „selbsternannten Führer" ins Leere laufen, so ziehen sie sich schmollend zurück.

In der Bewerbungssituation sind die Rollen von vornherein festgelegt. Trotzdem kann es vorkommen, daß ein aggressiver Bewerber die Führung an sich reißt. Das mag bei einigen „schwachen" Interviewern durchaus passieren. Trotzdem führt dieses Verhalten nicht zum Ziel. Denn die Entscheidungsbefugnis liegt nach wie vor bei der Personalabteilung. Aber auch der Interviewer wird sich früher oder später, manchmal auch erst nach dem Interview gegen den „anmaßenden" Kandidaten entscheiden.

So wie der Selbstunsichere meint, sich seiner Umwelt ständig als Prügelknabe präsentieren zu müssen, so benötigt der Aggressive viel Kraft und Energie, um sich ständig als der Starke behaupten zu können.

Selbstsicherheit

Selbstsicherheit bedeutet vor allem, sich seiner Selbst, seiner Fähigkeiten sicher zu sein. Dies ist erlernbar. Selbstsichere Kandidaten müssen deshalb im Vorstellungsgespräch zunächst einmal gar keine Rolle übernehmen. Sie sind flexibel und können sich auf die jeweilige Situation einstellen.

Sie können sich auf die eigene positive Weltanschauung verlassen. Sie haben eine positive Einstellung zu sich selbst, was wiederum eine positive Ausstrahlung gibt. Im Vorstellungsgespräch haben sie ein sicheres Gespür für den Gesprächsverlauf. Sie verzeichnen zunehmend Erfolgserlebnisse, die ihr Vertrauen zu sich selbst stärken.

Selbstsichere Menschen sind nicht naiv. Sie analysieren genau und befassen sich intensiv mit den an sie gestellten Anforderungen. In entscheidenden Situationen erkennen sie Alternativen und versuchen, die beste Lösung zu erzielen.

Beispiel:

Während der Vorstellung wird das Thema Gehalt angesprochen. Die Gehaltsstruktur ist vorgegeben. Zu hohe Forderungen können von den Interviewern nicht akzeptiert werden, weil sonst das Gehaltsgefüge die Firma auseinandergerät. Zu geringe Forderungen machen den neuen Mitarbeiter auf die Dauer unzufrieden. Es ist wichtig herauszufinden, in welchem Rahmen sich die Firma bewegen kann, welcher finanzielle Spielraum für den Bewerber zur Verfügung steht. Dabei darf man durchaus auch um einem Vorschlag der Firma bitten oder seine eigenen Gehaltsvorstellungen im angemessenen Rahmen nennen.

Während selbstunsichere Menschen dazu neigen, jedes Angebot zu akzeptieren bzw. selbst sehr geringe Lohnforderung stellen, neigen aggressive Menschen zu überhöhten Forderungen. Der Interviewer muß dann den Bewerber erst wieder in den Bereich der Realität zurückführen.

Ideales Verhalten beim Interview

Gibt es ein ideales Verhalten? Ja und Nein. Ob man sich optimal verhalten hat, kann man erst nach dem Interview sagen. Wurde eine Einstellung erreicht, so müssen die Antworten sehr gut gewesen sein und
die Eckdaten gestimmt haben.

Das ideale Verhalten im Interview ist weder die übertriebene Selbstsicherheit noch die Aggression. Vielmehr liegt in der gelebten Selbstsicherheit die größte Stärke eines Kandidaten.
Haben Sie nach mehreren Vorstellungsgesprächen kein konkretes Ergebnis, d.h. keine Einstellung, erreicht, wird es höchste Zeit, über das
eigene Verhalten während des Gesprächs nachzudenken. Behilflich
bei diesen Problemen sind Bewerbungs- und Karriereberater. Ebenso
finden Sie im Literaturverzeichnis (im Anhang) Bücher, die Ihnen
Anregungen und Tips geben können.

Wer Bewerbungsgespräche unter relativ realistischen Umständen trainieren möchte, kann Kurse zum Thema „Bewerbung" bei der Volkshochschule belegen. Bei stark ausgeprägter Unsicherheit sollten Sie
überlegen, ob ein Selbstsicherheitstraining bei einem Psychologen
oder Trainer zum Ziel führen könnte.

3.2   Nonverbale Informationen

Neben den vielen verbalen Informationen bei einem Vorstellungsgespräch haben wir es auch mit einer anderen, ebenso wichtigen Kommunikationsebene, der Körpersprache, zu tun. Unter Körpersprache verstehen wir die Gestik, die mit der verbalen Aussage zeitgleich einhergeht und die gesamte Kommunikation mitbestimmt.

Was kann es Ihnen nützen, wenn Sie nonverbale Informationen empfangen und verstehen können? Sicher haben Sie damit einen großen Vorteil gegenüber anderen Bewerbern. Sie können rechtzeitig im Vorstellungsgespräch erkennen, ob kritische Situationen entstehen. Alle nonverbalen Signale sind unbewußt und geben Aufschluß über die Bewußtseinslage des „Senders", sie zeigen die wahre Meinung. An Augen, Händen, Gestik, Körper- und Kopfhaltung können geübte Beobachter die Signale der Sender wahrnehmen und deuten.

Praktische Bedeutung erlangen nonverbale Informationen, wenn es darum geht, Ihnen Klarheit darüber zu vermitteln, welche wirkliche Chance Sie haben. Schauen wir uns einige typische Situationen an und entschlüsseln wir die Bedeutung der Reihe nach:

Die Begrüßung

Die Begrüßung ist eine der wichtigsten nonverbalen Informationen, die Sie in einem Bewerbungsgespräch empfangen können. In der Regel sind die Interviewer bereits eingehend über Sie informiert. Sie haben sich Ihre Bewerbungsunterlagen genau angesehen und sind im Idealfall von Ihren Fähigkeiten überzeugt. Was jetzt noch fehlt, ist lediglich die persönliche Bestätigung des guten schriftlichen Eindrucks, den Sie mit Ihrer Bewerbung gemacht haben.

Wenn Sie also mit Vorschußlorbeeren bedacht sind, dann sollte das Vorstellungsgespräch für Sie nur noch eine reine Proforma-Angelegenheit sein. Doch nicht immer bedeutet eine scheinbar warmherzige

Begrüßung auch Zustimmung. Der Teufel steckt im Detail. Sie müssen scharf beobachten, um herauszufinden, wie Ihre Chancen stehen.

Bei der Begrüßung öffnet der Personalchef beide Hände und deutet mit den Armen eine Umarmung an.

Bedeutung: Sehr positives Zeichen, Sie sind herzlich willkommen und werden bereits erwartet.

Bei der Begrüßung öffnet der Personalchef die Tür. Seine Hände sind verdeckt, eher hängend als aktiv ausgestreckt. Er deutet auf einen freien Stuhl vor seinem Schreibtisch. Sein Händedruck ist kraftlos.

Bedeutung: Negatives Zeichen, Sie sind zwar willkommen, aber man hat sich offenbar schon intern für einen anderen Bewerber entschieden.

Der Assistent öffnet die Tür. Der Personalchef hält sich eher zurück. Er steht auf, es folgt ein kurzer Blickkontakt.

Bedeutung: Negatives Zeichen, Sie sind ihm nicht besonders wichtig. Das Gespräch wird wohl eher als Pflichtübung angesehen.

Nach längerer Wartezeit läßt Sie ein Assistent ein. Sie werden mit einem kurzen Nicken empfangen. Der Händedruck ist lau.

Bedeutung: Sehr negatives Zeichen, Sie sollen weichgekocht werden. Man wird Ihnen ein schmähliches Gehaltsangebot machen. Vielleicht planen die Herren auch ein Streßinterview.

Der Chef öffnet zögerlich. Dann nimmt er an seinem Schreibtisch Platz und sucht nach Ihrer Akte. Er findet sie nicht mehr. Er wendet sich Ihnen wieder mit leeren Händen zu und schaut auf die Schreibtischplatte.

Bedeutung: Sehr negatives Zeichen, es ist ihm peinlich, daß Sie gekommen sind. Das Gespräch mit Ihnen ist nur eine Pflichtübung. Er wäre Sie am liebsten schon wieder los.

Gestik während des Gesprächs

Während des Gesprächs können viele Details der nonverbalen Kommunikation für Sie wichtig werden. Zumeist bemerken Sie es deutlich, wenn Sie das Interviewerteam begeistern können. Auch das Gegenteil ist offensichtlich. Das Desinteresse der Interviewer zeigt sich in einer laschen Frage- und Antworttechnik und einem eher kühlen Ton. Auch an den Augen läßt sich Unmut oder Zustimmung ablesen. Sie sollten die Augen Ihres Gesprächspartners immer beobachten.

Der Personalchef fixiert Ihre Augen, dabei weiten sich seine Pupillen.

Bedeutung: Sehr positives Zeichen, Ihre Antwort war gut. Das Interesse des Chefs ist geweckt. Er will mehr wissen.

Die Augenbrauen des Gesprächspartners senken sich oder ziehen sich deutlich zusammen.

Bedeutung: Weniger positives Zeichen, die Antwort hat wohl nicht ganz in sein Konzept gepaßt. Nun heißt es aufpassen, daß sich dieses Signal möglichst nicht wiederholt.

Bei der nächsten Antwort bilden sich Grübchen um den Mundwinkel, die sich nach unten ziehen.

Bedeutung: Sehr schlechtes Zeichen, Sie werden vom Personalchef negativ beurteilt. Ihre Chancen sinken nahezu gegen Null.

Der Mund des Personalchefs wirkt spitz zusammengezogen. Es kommt zur sogenannten Spuckstellung.

Bedeutung: Absoluter Tiefpunkt, nun können Sie die Bewerbung kaum mehr retten. Die Beziehung zu Ihnen läuft ins Irrationale. Sie können nur noch eine kühle Verabschiedung erwarten.

Die Pupillen des Personalleiters verengen sich.

Bedeutung: Negatives Zeichen, irgend etwas im Gespräch läuft schief.

Der Personalleiter weicht Ihnen mit seinem Blick aus.

Bedeutung: Sie sind auf etwas gestoßen, was er verheimlichen möchte. Vermutlich wird er Sie als neugierig einschätzen.

Der Personalchef lächelt in sich hinein, er sieht Sie verstohlen an.

Bedeutung: Indifferentes Zeichen, Sie sollten nicht so freimütig mit Ihren Äußerungen sein. Irgend etwas hat ihn mißtrauisch gemacht. Er wartet darauf, daß Sie in eine Falle tappen.

Der Personalchef greift sich kurz an die Nase.

Bedeutung: Verlegenheitsgeste, der Personalchef fühlt sich ertappt. Ein kurzes Nasenjucken hat ihn unsicher gemacht. Er weiß im Moment nicht mehr weiter.

Der Interviewer preßt die Lippen zusammen.

Bedeutung: Eher schlechtes Zeichen. Irgend etwas ärgert ihn. Er ist mit seinen Zugeständnissen am Ende.

Der Interviewer beugt sich mit dem Oberkörper weit vor und sucht Blickkontakt. Dabei senkt er die Stimme.

Bedeutung: Positives Zeichen, er will Sie ins Vertrauen ziehen. Vermutlich macht er Ihnen bald ein lukratives Angebot.

Der Interviewer lehnt sich im Bürostuhl weit zurück und verschränkt die Hände hinter dem Kopf.

Bedeutung: Nachdenkliches Zeichen, er will sich die Sache nochmals aus etwas distanzierter Sicht betrachten. Vermutlich wird er einen Kompromiß anbieten.

Der Interviewer verschränkt die Arme plötzlich vor der Brust.

Bedeutung: Unbewußte Abwehrbewegung, er will Ihre Forderungen stoppen. Wahrscheinlich hat er sich innerlich schon gegen Sie entschieden.

Der Interviewer bildet mit den Händen ein spitz zulaufendes Dreieck. Langsam wendet er die Spitze auf Sie zu.

Bedeutung: Letztes Angebot als Kampfansage, es liegt nun an Ihnen, das Gesagte zu akzeptieren. Es wird sonst kein weiteres Angebot mehr geben.

Der Personalchef stemmt die Hände in die Hüfte.

Bedeutung: Unbewußte Drohhaltung, Sie sind aus dem Rennen. Er will zeigen, daß er der Stärkere ist.

Der Interviewer reibt sich langsam die Handflächen.

Bedeutung: Eher indifferentes Zeichen, er freut sich über irgend etwas. Es ist nicht klar, ob die Freude für Sie einen Vor- oder einen Nachteil bedeutet.

Der Personalchef legt die Hände auf den Rücken und lehnt sich zurück.

Bedeutung: Eher negatives Anzeichen. Er fühlt sich in die Enge getrieben und weiß nicht, wie er da herauskommen soll.

Der Interviewer legt die Fingerkuppen aufeinander.

Bedeutung: Nachdenkliches Zeichen, er will Zeit gewinnen und zugleich seine Worte wirken lassen. Vielleicht ist es auch eine Warnung an Sie, nun keine weiteren Forderungen mehr zu stellen.

Der Personalchef lenkt den Blick nach oben, dann deutet er mit dem Zeigefinger auf Sie.

Bedeutung: Belehrende Geste, Sie sollten sich nun zurückhalten, evtl. ist er mit seiner Geduld am Ende. Vielleicht kommt eine Belehrung mit dem Tenor: „Ich zu meiner Zeit ...“

Der Personalchef trommelt mit den Fingern ungeduldig auf dem Schreibtisch.

Bedeutung: Indifferentes Zeichen, er ist ungeduldig, läuft ihm die Zeit davon, oder reden Sie zu umschweifig?

Der Interviewer schlägt spontan die Beine übereinander und wendet sich von Ihnen ab.

Bedeutung: Äußerst negatives Zeichen, Sie haben praktisch verloren. Alles andere ist ihm nun wichtiger geworden.

Der Interviewer schlägt die Beine übereinander, bleibt Ihnen jedoch zugewandt.

Bedeutung: Indifferentes Zeichen, der Interviewer ist entspannt, er hat seine Entscheidung innerlich gefunden. Nur Sie wissen nicht, wie sie ausgefallen ist.

Abschiedsgesten

Die Bedeutung von Abschiedsgesten kann unterschiedlich eingeschätzt werden. Bedeuten sie das Resümee einer Begegnung oder sind sie eigenständige Rituale, die unabhängig von einer Entscheidung ausgeführt werden?

Bei der Vorstellung scheint beides vermengt. Trotzdem ist die Neigung zu einem möglichst positiven Abschied zu erkennen. So gesehen wird der Abschied zum letzten Akt eines Theaterstücks, in dem Bewerber und Interviewer die Hauptrollen spielen. Die Tendenz geht heute mehr zum freundlichen Abschied, auch wenn dieser nicht so gemeint ist. Schon kleinste Nuancen in der nonverbalen Kommunikation können den Erfolg oder den Mißerfolg einer Bewerbung anzeigen.

Der Personalchef nimmt seine Brille ab und verabschiedet sich mit einem leichten Lächeln.

Bedeutung: Eher positives Zeichen. Zwar ist die Entscheidung noch nicht gefallen, aber Sie liegen gut im Rennen.

Der Personalchef verabschiedet Sie überaus herzlich. Er rückt seine Brille zurecht, steht auf und läßt Sie von der Sekretärin hinausbegleiten.

Bedeutung: Gutes Zeichen, man wird über Sie nachdenken, der Job ist Ihnen zu 90 Prozent sicher.

Der Personalchef verabschiedet Sie überaus herzlich. Er öffnet die Tür entschlossen und schließt sie schnell, nachdem Sie hinausgetreten sind.

Bedeutung: Schlechtes Zeichen, man will Sie schnell loswerden und sich die Sache ohne Probleme vom Halse schaffen.

Sie werden rasch verabschiedet, der Chef schaut auf die Uhr, Zeitnot, alles geht sehr schnell, er ruft die Sekretärin herbei und läßt Sie hinausbegleiten.

Bedeutung: Schlechtes Zeichen, man will Sie schnell los werden, täuscht Zeitnot vor, um sich nicht noch länger mit Ihnen beschäftigen zu müssen. Eine typische Hello-Good-Bye-Geste.

Versuchen Sie, im Alltag einige der Gesten selbst anzuwenden. Sie können dann erleben, wie man sich dabei fühlt. Nach und nach lernen Sie so die Bedeutung der einzelnen Gesten kennen. Mit diesem Wissen finden Sie sich im Alltag sicherer und schneller zurecht.

Checkliste Kapitel 3

Bitte beantworten Sie die folgenden Fragen. Die Antworten finden Sie im Anhang.

1. Was soll man tun, wenn man bei dem Bewerbungsgespräch sehr nervös ist?
2. Nach dem Motto „Eigenlob stimmt" ist da eine Steigerung – nämlich etwas Übertreibung – nicht auch sehr gut?
3. Womit kann man einen guten Eindruck machen?
4. Wie ist der typische Verlauf eines Vorstellungsgesprächs?
5. Worauf wird beim Gespräch der größte Wert gelegt?
6. Viele Bewerber fühlen sich unsicher bei der Vorstellung. Was kann man dagegen tun?
7. Selbstsicherheit ist einer der wichtigsten Faktoren in einem Vorstellungsgespräch. Wie können Sie zu mehr Selbstsicherheit gelangen?
8. Wie können Sie lernen, nonverbale Zeichen besser zu deuten?
9. Woran erkennt man nonverbal, daß man guten Chancen hat, weil man beim Gesprächspartner gut ankommt?
10. Was vermittelt Ihnen Ihr Gesprächspartner, wenn er die Hände in die Hüften stemmt?

4.   Überraschungen sind gang und gäbe

Renate Schilling[1] hatte sich auf das Bewerbungsgespräch gut vorbereitet. Die Daten Ihres Lebenslaufs hatte die Krankenschwester im Kopf – komplett und lückenlos.

Sie war auf die wichtige Frage vorbereitet: „Warum haben Sie sich bei uns beworben?" Gekleidet war sie korrekt: Nicht zu flott und nicht wie eine graue Karbolmaus. Ihrer Stärken und Schwächen war sie sich bewußt. Nicht ganz ohne Hintergedanken hatte sie kürzlich den Volkshochschulkurs „Bewerber-Training" besucht.

Beinahe lehrbuchmäßig absolvierte sie das Gespräch entspannt und selbstsicher. „Mein Gefühl sagte mir, daß ich alles richtig gemacht habe." Und dann kam am Schluß die Überraschung.

„Wir haben hier einen kleinen Test für Sie vorbereitet", sagte der Personalchef. „Sie haben eine halbe Stunde Zeit."

Sofort stieg der Adrenalinspiegel rapide an. „Der Test kam vollkommen unvorbereitet, niemand hatte mich vorgewarnt. Ich betrachte das als reine Schikane", meint Renate Schilling heute. „Außerdem waren die Aufgaben laienhaft zusammengestellt. Was der Test für eine Aussagekraft hat, möchte ich erst einmal wissen!"

Zusätzliche Verunsicherungen entstehen für Bewerber dann, wenn die Bewertungskriterien nicht erläutert werden. Zu einer fairen Bewerbung gehört auch ein faires Verhalten.

Sicher ist eine Bewerbungssituation wie die oben geschilderte eher eine Ausnahme. Trotzdem muß man auf alles gefaßt sein. In der heutigen Wirtschaft werden immer weniger feste Positionen vergeben. Die Konkurrenz – zumal bei Berufsanfängern – ist groß, und dementsprechend hart sind die Auswahlkriterien.

---

[1] Name geändert.

Um tatsächlich den besten Bewerber auszuwählen, testen die Personalchefs neben anderen Eigenschaften auch die Persönlichkeit und die Streßtoleranz. Die entsprechenden Fragen zu diesem Thema finden Sie in Kapitel 12.

Nicht selten werden Anleihen bei den Aufgaben des Assessment-Centers gemacht. So sind Reaktionstests bei den Personalchefs sehr beliebt. Es kann vorkommen, daß der Bewerber während des Vorstellungsgesprächs mit einigen provozierenden Bemerkungen oder gar Beleidigungen konfrontiert wird. Das alleinige Bewertungskriterium ist dabei, die Reaktion des Bewerbers. Ideen, wie in der oben genannten Situation geschildert, werden aus Büchern über die bekannten und gefürchteten Streßinterviews entnommen und in etwas entschärfter Form auch in den normalen Bewerbungsinterviews eingesetzt.

Vor allem kleinere und mittlere Unternehmen experimentieren gerne mit solchen Methoden. Dort macht der Chef häufig noch die Interviews selbst und auch alleine. Während Großunternehmen noch zögern, ist in der Werbe- und Medienbranche hingegen ein „Streßpaket" pro Interview bereits an der Tagesordnung.

Wie soll man sich auf eine solche Situation vorbereiten? Guter Rat ist da teuer. In diesem Buch werden einige Vorschläge für das richtige Verhalten gemacht. Ob dieses dann erfolgreich ist, hängt von den Vorstellungen des jeweiligen Interviewers ab. Am besten ist wohl der Vorschlag, zunächst zu prüfen, ob den Test überhaupt akzeptabel ist. Wenn Sie einen Test oder eine Prüfungsaufgabe als Zumutung einschätzen, sollten Sie den Mut haben und „Nein" sagen.

Eine weitere Variante der neuen Bewerbungsgespräche ist die Überprüfung sogenannter „Social Skills", also der sozialen Kompetenzen und Umgangsformen. So kann es durchaus sein, daß man nach dem Interview zum Essen eingeladen wird. In solchen Situationen sollte man wissen, in welcher Reihenfolge das Besteck bei einem mehrgängigen französischen Menü benutzt wird oder wie man Hummer oder Austern ißt. Manchmal wird auch ein Ausländer hinzugebeten. Dann könnte die Konversation in einer Fremdsprache geführt werden. Sie sollten auch in außergewöhnlichen Situationen nicht die Nerven verlieren. Stehen Sie zu den Fähigkeiten, die Sie im Lebenslauf angegeben haben.

4.1   Fragen im Vorstellungsgespräch – Interviewer-Leitfaden

Zu den betriebsinternen Vorbereitungen eines Bewerbergesprächs gehört die Aufstellung eines Gesprächsplans. Dabei sind einige Vorarbeiten der Interviewer dringend erforderlich.

Zunächst wird ein Interview-Leitfaden erstellt, wenn dieser nicht bereits von der Personalabteilung vorgegeben wird.

Je strukturierter ein Interview durchgeführt wird, desto größer ist seine Aussagekraft. Zu diesem Ergebnis kommen immer mehr Unternehmensberater. Dies gilt sowohl im Hinblick auf den späteren Berufserfolg als auch im qualitativen Sinne im Hinblick auf die Leistungsbereitschaft und Motivation der ausgesuchten Bewerber.

Strukturierte Interviews lassen sich zudem besser vergleichen als unstrukturierte. Werden nämlich allen Kandidaten dieselben, wesentlichen Fragen gestellt, so sind die Antworten später leichter zu gewichten, um eine Gesamtbewertung zu erstellen.

Vor Beginn jedes Interviews wird deshalb ein strukturierter Fragebogen erstellt. Die jeweiligen Antworten werden bewertet und in diesen Bogen eingetragen. Je näher die Antworten an den Anforderungen der ausgeschriebenen Stelle liegen, desto höher ist die Punktezahl.

Der strukturierte Fragebogen dient dem Personalchef als Leitfaden bei der Gesprächsführung. Werden bestimmte wichtige Details nicht beantwortet, so wird er bei diesen Punkten nachhaken.

Wie sieht ein solcher Leitfaden aus? Als Beispiel finden Sie in der nächsten Abbildung einen typischen „roten Faden" für das Einstellungsinterview.

Interviewer-Leitfaden

Bitte tragen Sie Ihre Antworten jeweils kurz ein.

Kriterium	Fragen	Bewertung nach Noten
Ausbildungserfolg, bisherige berufliche Entwicklung	Schildern Sie kurz Ihren Werdegang.	1...2...3...4...5...6
Tätigkeitsspezifische Anforderungen	Wie wollen Sie die ausgeschriebene Position ausfüllen?	1...2...3...4...5...6
Eigenmotivation	Schildern Sie Ihre beruflichen Erfolge.	1...2...3...4...5...6
Arbeitsorganisation	Wie haben Sie bisher schon Ihre tägliche Arbeit eingeteilt?	1...2...3...4...5...6
Teamfähigkeit	Sind Sie mit Ihren Mitarbeitern und Vorgesetzten schon immer gut zurechtgekommen?	1...2...3...4...5...6
Problemlösung	Wie gehen Sie mit einem unvorhergesehenen Zwischenfall um?	1...2...3...4...5...6
Durchsetzungsvermögen	Schildern Sie, wie Sie vorgehen würden, um eine neue Idee in die Fertigung einzubringen.	1...2...3...4...5...6
Führungsneigung	Haben Sie bereits eine Arbeitsgruppe geleitet? Wie haben Sie sich dabei gefühlt?	1...2...3...4...5...6
Kommunikationsverhalten	Wie schätzen Sie Ihre kommunikativen Fähigkeiten ein?	1...2...3...4...5...6

(nach Burkhardt, Stobbe)

Dieser Leitfaden kann beliebig ergänzt werden. Zum Beispiel mit einer Liste von Persönlichkeitsvariablen, Streßverhalten, Motivation, Mut und Selbstsicherheit. Häufig wird man noch einen längeren Kommentar zum Gesamteindruck des Bewerbers hinzufügen.

Die Interviewer gehen dabei davon aus, daß das jeweilige Verhalten in der Vergangenheit auch das zukünftige Verhalten bestimmt. Interviewer versuchen deshalb, eine möglichst genaue Schilderung über Verhaltensweisen und Erfahrungen zu erlangen, die ein Bewerber in der Vergangenheit gemacht hat. Besonders die praktischen Erfahrungen sollten möglichst ausführlich und exakt beschrieben werden, also mit Orts- und Zeitangaben, sowie mit den dazugehörenden Details.

Durch verschiedene Fragen wird das Gespräch gesteuert. Die Bereitschaft der Bewerber zur Kommunikation wird dabei vorausgesetzt.

Vom Interviewer werden verschiedene Techniken angewandt. Es wird zwischen offener und geschlossener Fragestellung unterschieden, ebenso zwischen direkten und indirekten Fragestellungen.

Eine offene Fragestellung soll dem Bewerber möglichst viel Freiraum zur Antwort lassen. Er kann erzählen, was er gerade denkt.

Beispiel: „Wie ist es Ihnen denn bisher so im Berufsleben ergangen?"

Die geschlossene Fragestellung hingegen läßt zumeist nur die Antworten Ja und Nein zu.

Beispiel: „Erscheinen Sie morgens immer pünktlich am Arbeitsplatz?"

Direkte Fragen lassen den Sinn und Zweck der Fragestellung offensichtlich erkennen.

Beispiel: „Erklären Sie mir doch bitte, wie die Aufstellung eines Jahresbudgets erfolgt."

Indirekte Fragen zielen eher auf die private Meinung des Bewerbers ab.

Beispiel: „Wie beurteilen Sie die Wachstumskapazitäten in unserer Branche?"

Suggestivfragen, um dieses Gebiet abzuschließen, legen eine bestimmte Antwort nahe, die als sozial erwünscht angesehen werden kann. Solche Fragen geben zumeist schon die Antwort vor oder erzwingen diese. Der Bewerber fühlt sich dadurch unter Druck gesetzt. Solche Fragestellungen werden jedoch immer wieder von den Interviewern eingesetzt, um bestimmte Zustimmungen zu erhalten.

Beispiel: „Sie werden mir sicher zustimmen, wenn ich sage, daß unsere Lohnnebenkosten tödlich für den Industriestandort Deutschland sind."

4.2   Ablauf eines Vorstellungsgesprächs

Fragen, die während eines Vorstellungsgesprächs gestellt werden, wiederholen sich eigentlich immer wieder, denn die Grundregeln des Gesprächs sind durch die Natur der Sache vorgegeben.

Der Ablauf eines Vorstellungsgesprächs richtet sich im wesentlichen nach folgendem Schema:

Ablaufdiagramm einer Vorstellung

Einstieg in das Gespräch, sogenannte Aufwärmphase

Fragen (Beispiele) Phase 1:

♦ Wie war die Anreise?
♦ Haben Sie uns gleich gefunden?
♦ Haben Sie sich bereits ein Formular zur Reisekostenabrechnung geben lassen?

Einleitende Worte zur Selbstdarstellung und Ziel des Gesprächs

Aussagen (Beispiele) Phase 2:

♦ Wir sind hier, um uns etwas besser kennenzulernen.
♦ Ich bin Ihr künftiger Vorgesetzter.
♦ Unser Unternehmen wurde im Jahre 1941 gegründet.
♦ In der Abteilung für Öffentlichkeitsarbeit ist der Posten des Sachbearbeiters seit drei Wochen vakant.

Selbstdarstellung des Bewerbers

Fragen (Beispiele) Phase 3:

♦ Was haben Sie bisher gemacht?
♦ Wie verlief Ihre berufliche Ausbildung?
♦ Wo sehen Sie Ihre beruflichen Stärken?

Detailfragen zu wichtigen Themen

Fragen (Beispiele) Phase 4:

- An Ihren Bewerbungsunterlagen ist uns folgendes aufgefallen ...
- Könnten Sie uns das näher erklären?
- Ihr Werdegang weist folgende Lücke auf; können Sie das erklären?

Rückfragen des Bewerbers

Fragen (Beispiele) Phase 5:

- Wo liegt das zukünftige Büro?
- Kann ich evtl. an einer Betriebsbesichtigung teilnehmen?
- Könnte ich mit einem Kollegen sprechen?

Gesprächsabschluß

Aussagen (Beispiele) Phasen 6 und 7:

- Zusammenfassend kann ich Ihnen schon jetzt sagen ...
- Wir sollten weitere Schritte noch kurz klären.
- Vielen Dank für Ihren Besuch.
- Nehmen Sie noch an unserem Assessment-Center teil?

(nach Burkhardt, Stobbe)

Im nachfolgenden Teil dieses Buches werden wir alle hier genannten Gesprächspunkte nochmals durchgehen und im Detail – mit Fragen und Antworten – erläutern.

Checkliste Kapitel 4

Bitte beantworten Sie die folgenden Fragen. Die Antworten finden Sie im Anhang.

1. Worin liegen Sinn und Zweck einer Überraschungstaktik?
2. Wie sollten Sie auf eine provokative Frage reagieren?
3. Sie haben sich als Vertreter für Frankreich beworben. Überraschenderweise lädt Sie der Personalchef zu einem Essen ein. Es werden u.a. Hummer, Muscheln und Seeschnecken serviert – Meeresfrüchte, die Sie bisher noch nie gegessen haben. Was tun Sie?
4. Wie sieht der Ablauf eines Vorstellungsgesprächs im allgemeinen aus?
5. Warum werden Suggestivfragen gestellt?
6. Warum werden Fragen nach der Erfahrung eines Bewerbers so hoch eingeschätzt?
7. Welche Fragetechniken gibt es?
8. Was sollten Sie bei Ihrer Selbstdarstellung aufführen?
9. Was gehört auf jeden Fall zu den Fragen des Bewerbers, sofern diese Punkte nicht schon vorher erörtert wurden?
10. Welche Rückfragen bzw. Bitten des Bewerbers machen einen guten Eindruck?

5.   Tips zur Gesprächsvorbereitung

Jede Vorstellung, so unbedeutend sie auch sein mag, ist eine Art Persönlichkeitstest. Es ist gut, sich darüber im klaren zu sein und sich richtig darauf einzustellen. Einige formale Tips helfen Ihnen, die ersten Hürden zu nehmen, ohne zu stolpern.

Sie können diese Tips auch als Grundlage für ein Rollenspiel verwenden, das Sie mit einem Partner oder einer Partnerin durchführen können.

Tip 1: Kleidung

Ihre Kleidung sollte sauber, modisch und nicht zu ausgefallen sein. Insbesondere müssen Sie darauf achten, daß die Kleidung Ihrem Beruf entspricht. Alle Varianten sind möglich, vom Anzug bis zur gehobenen Freizeitkleidung – je nach Beruf und Position.

Begründung:

Das Vorstellungsgespräch wird von beiden Seiten als ein erstes Kennenlernen angesehen, bei dem versucht wird, herauszufinden, ob Sie in die Firma passen bzw. ob die Firma Ihren Vorstellungen entspricht. Passen Sie wirklich zueinander, stimmen gedankliche Vorstellung und Realität überein? Beide Parteien müssen sich zunächst einmal persönlich kennenlernen. Deshalb sollten Sie sich zwar von der besten Seite zeigen, sich aber keinesfalls in einer Kleidung präsentieren, die nicht Ihrem Stil und Ihrer Persönlichkeit entspricht. Ihr Kleidungsstil ist nämlich auch Ihre „äußere" Visitenkarte.

Tip 2: Make-up

Make-up sollte dezent und unaufdringlich sein.

Begründung:

Das Make-up soll vor allem die eigene Persönlichkeit unterstreichen. Dabei können mit dem Make-up kleine Unebenheiten der Haut ausgeglichen werden, Vorzüge betont und Nachteile kaschiert werden. Wichtig ist, daß das Make-up richtig aufgetragen wird und keine starken, übertriebenen Farben verwendet werden.

Tip 3: Pünktlichkeit

Sie sollten bei der Anfahrt zum Vorstellungstermin etwas mehr Zeit einplanen, als Sie normalerweise für die Strecke benötigen. Rechnen Sie lieber mit Verspätung bei der Bahn, mit einem Stau auf der Straße etc. Unpünktlichkeit macht bei der Vorstellung immer einen äußerst schlechten Eindruck.

Begründung:

Pünktlichkeit ist eine Grundregel der Höflichkeit, die man nicht ohne wichtigen Anlaß verletzen sollte. Wer schon beim ersten Mal unpünktlich ist, hinterläßt einen schlechten Eindruck.

Tip 4: Verschiedene Personen befragen

Während Sie auf den Personalchef warten, bietet sich Ihnen vielleicht eine Gelegenheit, sich mit einem Mitarbeiter in der Firma zu unterhalten, zum Beispiel mit der Sekretärin oder einem Sachbearbeiter.

Begründung:

Schon ein paar interne Informationen über den Betrieb helfen Ihnen weiter. Wie ist das Betriebsklima? Was gibt es an Interna zu berichten? Das alles kann sich zu einem Puzzle zusammensetzen. Auf diese Weise erhalten Sie weitaus mehr Einsicht in den Betrieb als über offizielle Kanäle.

Tip 5: Interesse zeigen

Es ist durchaus möglich, daß Sie sich furchtbar langweilen, wenn man Ihnen zum xten Mal eine Werkhalle zeigen will. Nur sichtbar sollte Ihre Langweile nicht werden. Stellen Sie trotzdem Fragen und hören Sie interessiert zu.

Begründung:

Man sucht einen Mitarbeiter, der nicht nur an der Höhe des Gehalts interessiert ist, sondern auch an der Art der Tätigkeit, der Produktion usw. Sie sollten also nicht denken „So etwas sehe ich jeden Tag", sondern die Chance nützen, Ihren neuen Arbeitgeber besser kennenzulernen. Zu guter Letzt gewinnen Sie als interessierter Zuhörer auch das Vertrauen des Leiters, dem Sie ein großes Interesse signalisieren – sowohl an ihm als auch an der Firma, in der Sie beschäftigt werden möchten.

Tip 6: Bewerbungsunterlagen komplettieren

Wenn Sie am Tage des Vorstellungsgesprächs feststellen, daß Ihnen wichtige Unterlagen fehlen, dann ist es oft schon zu spät, diese noch auf die Schnelle zu beschaffen. Welche Papiere für das Gespräch nötig sind, wird meist schon im Einladungsschreiben aufgeführt. Generell sollten Sie folgende Unterlagen bereithalten:

- Personalausweis (für die Pforte)
- Einladungsschreiben
- Originalzeugnisse (wenn verlangt)
- Präsentationsmappe (für Ingenieure, Künstler, PR, Architekten)
- letzter Gehaltsauszug (für alle Fälle, wenn das neue Gehalt aufgrund des letzten ausgehandelt wird)
- evtl. Lohnsteuerkarte

Begründung:

Auch Personalchefs sind Menschen und können vergeßlich sein. Möglicherweise hat auch die Sekretärin, die die Einladung schrieb, nicht daran gedacht, Sie zu informieren, daß Sie noch bestimmte Unterlagen zum Gespräch mitbringen sollten. Sie machen einen positiven Eindruck, wenn Sie die gewünschten Unterlagen trotzdem dabei haben. Damit gewinnen Sie mit Sicherheit viele Pluspunkte.

Tip 7: Mentale Vorbereitung

Bewerbungsgespräche sind nicht einfach. Sie sollten sich bereits lange vor dem Termin auf dieses Gespräch einstellen. Am besten ist es, wenn Sie unterschiedliche Situationen im Rollenspiel üben. Zwar werden Sie niemals genau den Verlauf des tatsächlichen Vorstellungsgesprächs erraten, aber Sie werden eine sehr viel größere Sicherheit im Gesprächsverhalten gewinnen.

Begründung:

Übung macht den Meister. Wenn Sie sich mental und verbal auf ein Vorstellungsgespräch vorbereiten, dann erlangen Sie Sicherheit und Selbstvertrauen. Diese Selbstsicherheit strahlen Sie dann auch während des Gesprächs aus. Sie fühlen sich wohl und vermitteln dem Personalchef, daß Sie unangenehme und unerwartete Situationen gut meistern können.

Tip 8: Positive Grundeinstellung

Versuchen Sie, sich innerlich vorzustellen, daß Sie die Stelle ganz sicher erhalten werden.

Begründung:

Die auf diese Weise gewonnene Sicherheit (s.o.) strahlt aus und überzeugt auch Ihnen nicht geneigte Interviewer davon, daß nur Sie der richtige Mann oder die richtige Frau für diese Stelle sind.

Tip 9: Machen Sie einen Vorbereitungskurs

Viele Volkshochschulen bieten Kurse für das Bewerbertraining an. Dort werden nicht nur erfolgreiche Methoden für eine schriftliche Bewerbung vermittelt, sondern auch die wichtigsten Verhaltensregeln für die persönliche Vorstellung trainiert.

Begründung:

Wenn Sie wirklich überzeugend wirken wollen, dann müssen Sie von sich überzeugt sein. Übung gibt Ihnen Routine und geanu das erhalten Sie bei einem solchen Vorbereitungskurs.

Tip 10: Entspannungstraining

Machen Sie vor dem Vorstellungsgespräch eine kurze Entspannungsübung. Sie werden das Gespräch konzentrierter führen können und deshalb erfolgreicher sein.

Begründung:

Bewußte Entspannung macht Sie aufnahmebereit und läßt Sie deutlich schneller reagieren. Gezielte Entspannung verbessert die geistige Leistungsfähigkeit, was sich positiv auf das Gespräch auswirkt. So können Sie Verhandlungen erfolgreicher und zielbewußter führen.

Tip 11: Der optimale Bewerber

Wie stellt sich ein optimaler Bewerber vor? Versuchen Sie, diesen Gedanken in geistige Bilder zu fassen. Stellen Sie sich diese Bilder dann so oft wie möglich vor. Je näher Sie dann auch in der Praxis diesem Ziel, also Ihren Bildern, kommen, desto besser.

Begründung:

Der Vorstellung folgt die Handlung. Sehen wir uns die Situation einmal an: Wenn Sie verzweifelt sind, ist der Posten, um den Sie sich nun bewerben, Ihr letzter Rettungsanker – nach einer Reihe von Mißerfolgen. Wie werden Sie sich verhalten? Werden Sie etwa nach jedem negativen Satz des Personalchefs in Tränen ausbrechen? So bekommen Sie den Posten sicher nicht. Anders sieht es aus, wenn Sie denken, daß nur Sie der optimale Mann oder die optimale Frau für diese Position sind. Ihre feste Überzeugung, die innere Sicherheit, bemerkt auch der Personalchef. Höchstwahrscheinlich wird er Ihre Meinung langsam, aber sicher übernehmen.

Tip 12: Lampenfieber

Zeigen Sie möglichst keine Ängste und Unsicherheiten. Versuchen Sie, durch interessiertes Zuhören und durch Fragen Ihre innere Unruhe wegzuschieben, konzentrieren Sie sich auf das Gespräch.

Begründung:

Verängstigte und unsichere Personen passen nicht in das Personalgefüge eines modernen Betriebs. Selbst wenn Sie die Angst durch überaus höfliches und zuvorkommendes Verhalten versuchen zu überdecken, können Sie sie nicht ganz kaschieren.

Der Interviewer bemerkt Ihre Schwäche und geht möglicherweise sogar darauf ein. Sollten Sie von übergroßen Ängsten geplagt werden, sollten Sie ein Selbstsicherheitstraining in Erwägung ziehen.

Resümee

Die zwölf vorangegangenen Tips sind sicher für Ihr nächstes Vorstellungsgespräch hilfreich und förderlich. Bedenken sollten Sie aber, daß alles seine Zeit braucht. Wenn Sie sich auf ein Vorstellungsgespräch gründlich vorbereiten wollen, dann bedarf das einer ganzen Menge Zeit und Übung. Beginnen Sie rechtzeitig, sich auf Ihr Vorhaben optimal vorzubereiten, denn es ist nicht gut, wenn Sie unter Zeitdruck stehen.

Die Vorbereitung der einzelnen Techniken erfordert ein gewisses Maß an Training. Gehen Sie systematisch vor. Schreiben Sie auf, welche Unterlagen Ihnen fehlen, wo Sie Schwachpunkte haben, was Sie trainieren sollten. Arbeiten Sie Ihre Defizite anhand dieser Liste auf.

Verlangen Sie sich keine Höchstleistungen ab, versuchen Sie, Ihr Bestes zu geben, und glauben Sie an sich selbst. Sie sollten davon überzeugt sein, daß Sie sicher einen Arbeitsvertrag bekommen werden. Wenn es diesmal nicht klappt, dann haben Sie eine um so größere Chance bei der nächsten Bewerbung.

Checkliste Kapitel 5

Bitte beantworten Sie die folgenden Fragen. Die Antworten finden Sie im Anhang.

1. Warum ist die Kleidung so wichtig?
2. Wie sieht die ideale „Vorstellungskleidung" aus?
3. Was tun, wenn man sich beim Vorstellungstermin verspätet?
4. Warum sollten Sie eine Betriebsbesichtigung nicht ablehnen, obwohl Sie derartige Betriebe schon x-mal gesehen haben?
5. Warum ist ein Gespräch mit Mitarbeitern der künftigen Firma so nützlich?
6. Welche Unterlagen sollten Sie zum Gespräch mitbringen?
7. Was kann die mentale Vorbereitung auf das Gespräch bewirken?
8. Ich habe Schwierigkeiten, mir den Gesprächsverlauf vorzustellen, habe auch keine Partner für ein Rollenspiel. Wo kann ich lernen, mich richtig oder besser vorzubereiten?
9. Was tun bei Lampenfieber?
10. Was können Sie tun, um gelassen in das Gespräch zu gehen?

6.   Fragen am Telefon

Wenn Sie als Bewerber oder als Bewerberin einen Betrieb kontaktieren, dürfen Sie nicht vergessen, daß Sie es sind, der dem Betrieb bei der Lösung seiner Probleme helfen kann.

Sie sollten sich deshalb nicht ausschließlich in der Rolle eines Bittstellers sehen. Sie haben schließlich ebenfalls etwas anzubieten, nämlich Ihre Berufserfahrung und Ihre Arbeitskraft.

Trotzdem kann der Kontakt am Telefon sehr schnell beendet werden, wenn nicht einige Regeln beachtet werden. Ein vorzeitiges Gesprächsende liegt nicht in Ihrem Interesse. Deshalb sollten Sie sich auf ein Kontaktgespräch am Telefon sorgfältig vorbereiten. Unerläßliche Voraussetzungen hierzu sind:

Telefonkontakte

♦ Selbstsicherheit am Telefon
♦ intensive Vorstellungs- und Überzeugungskraft
♦ klare Stimme, nicht zu hohe Stimmlage
♦ deutliche Aussprache
♦ knappe, klare Formulierung des Anliegens
♦ Informationen über die eigenen Fähigkeiten
♦ Informationen über den eigenen Marktwert
♦ aktueller Arbeitsmarktüberblick
♦ Grundinformationen über das kontaktierte Unternehmen

Am Telefon müssen Sie in der Lage sein, Ihre Qualifikationen sehr genau zu beschreiben. Eine Voraussetzung dafür ist, daß Sie Kenntnisse des derzeitigen Standes der Technik in Ihrer Branche besitzen.

Häufig werden Sie am Telefon auch nach dem beruflichen Werdegang befragt. Dazu ist es erforderlich, daß Sie Ihre Arbeitszeugnisse und Unterlagen direkt neben dem Telefon liegen haben. Ihr Bewerbungsgespräch per Telefon wird dadurch wesentlich leichter.

6.1   Einstiegsfragen

Versuchen Sie zunächst, an den richtigen Mann bzw. an die richtige Frau zu kommen. Sehr häufig wird bereits in der Stellenanzeige ein Sachbearbeiter genannt, der die telefonische Vorauswahl für die ausgeschriebene Position trifft. Lassen Sie sich mit ihm verbinden.

Wie sehen nun mögliche Fragen im einzelnen aus? Zunächst werden Sie den Gesprächspartner begrüßen. Verwenden Sie die ortsübliche Begrüßungsformel „Guten Tag" im Bundesgebiet und „Grüß Gott" in Württemberg und Bayern. Danach sollten Sie sich vorstellen, wobei Sie mit „Störe ich?" oder „Haben Sie Zeit für mich?" abklären sollten, ob Sie zu einem geeigneten Zeitpunkt anrufen. Diese Frage sollten Sie immer stellen, wenn Sie in einer Firma anrufen.

So sollten Sie am Telefon empfangen werden

Hier möchte ich noch ein paar Kriterien nennen, die Ihnen die Beurteilung einer Firma erleichtern.

Telefonkontakte: Positive Merkmale

♦ Bei Ihrem Anruf wird rasch abgehoben, schon nach dreimaligem Läuten.

♦ Die Sekretärin meldet sich klar und deutlich, wobei sie sowohl ihren eigenen Namen als auch den Firmennamen nennt.

♦ Ihr Name wird im Gespräch wiederholt, und Sie werden persönlich angesprochen.

♦ Die Sekretärin hat gute Laune und meldet sich nett und freundlich.

♦ Das Kommunikationstempo ist mittelschnell und die Aussprache ist deutlich. Es wird fast kein Dialekt gesprochen.

♦ Ihre Anfragen werden sachlich korrekt und freundlich beantwortet.

♦ Sie werden, wenn nötig, an die richtige Stelle weitervermittelt.

♦ Rückrufe erfolgen innerhalb der vereinbarten Frist.

Telefonkontakte: Negative Merkmale

♦ Man läßt Sie lange in der Leitung hängen.
♦ Der zuständige Sachbearbeiter wird nicht gefunden.
♦ Sie werden nicht weitervermittelt und müssen erneut anrufen.
♦ Man weiß nicht Bescheid; Sie werden „herumgereicht".
♦ Ihre Fragen werden nicht ausreichend beantwortet.
♦ Es wird ein starker Dialekt gesprochen.
♦ Rückrufe erfolgen erst spät oder gar nicht.

Die folgenden Punkte sollten Sie sich für Ihre eigene Gesprächsführung merken. Sie sind wichtig, damit schon der erste Eindruck beim Sachbearbeiter positiv ist.

Begrüßung

♦ Geben Sie Ihren Namen und evtl. Ihren Beruf an.
♦ Teilen Sie mit, wen Sie zu sprechen wünschen.
♦ Nennen Sie deutlich Ihr Anliegen.
♦ Überlegen Sie vorher, wie Sie dieses Anliegen unterbreiten möchten.
♦ Machen Sie im voraus einige „Trockenübungen".

So könnte der erste Kontakt aussehen

♦ „Guten Tag, ich habe in der Stuttgarter Zeitung Ihre Anzeige gelesen. Es handelt sich um eine Stellenausschreibung als Elektrotechniker. Störe ich?"
♦ „Bin ich richtig mit Herrn Tietzsch verbunden?"
♦ „Entschuldigung, haben Sie Zeit für mich?" „Ja." „Ich möchte mich auf Ihre Anzeige in der ZEIT vom 14.11. beziehen. Ist die Position des Elektrotechnikers noch offen?"
♦ „Grüß Gott (in Bayern üblich), sind Sie Herr Tietzsch? Ihr Name wurde in der Süddeutschen Zeitung als Personalsachbearbeiter genannt. Ist die Stelle des Elektrotechnikers noch unbesetzt?"

Ist der erste Kontakt gut verlaufen, werden nun Sie mit Fragen zu
rechnen haben.

6.2   Der weitere Gesprächsverlauf

Zunächst möchte der Sachbearbeiter wissen, ob Sie dem in der Anzeige genannten Anforderungsprofil entsprechen. Er wird deshalb die
dort genannten Vorgaben der Reihe nach abfragen.

Fragen der Firma

♦ „Darf ich fragen, wie alt Sie sind?"
♦ „Schildern Sie kurz Ihre Berufserfahrungen auf dem Gebiet der
  Elektrotechnik?"
♦ „Können Sie mir kurz Ihre Zeugnisse nennen?"
♦ „Wann könnten Sie bei uns einsteigen?"
♦ „Kann ich Ihre Unterlagen kurzfristig bekommen?"
♦ „Warum haben Sie sich nicht schon früher bei uns gemeldet?"

Ihre Antworten

♦ Beantworten Sie die Fragen wahrheitsgemäß. Nur so kann der
  Sachbearbeiter entscheiden, ob er Sie in die Vorauswahl nehmen
  kann oder nicht. Früher oder später müssen Sie dann auch die
  Originalzeugnisse vorlegen. Wenn diese nicht in Übereinklang mit
  Ihren Aussagen stehen, ist das für Sie von Nachteil.
♦ „Ja, ich kann Ihnen meine Unterlagen umgehend zustellen."
♦ „Ich habe in mehreren Firmen der Elektrobranche gearbeitet."
♦ „Meine Zeugnisse kann ich Ihnen kurz nennen. Ich habe sie hier
  neben dem Telefon liegen."

Ihr Gesprächspartner hat nun die wichtigsten Informationen erhalten und kann entschieden, ob Sie sich schriftlich bewerben sollten oder nicht. Möglicherweise kann er diese Entscheidung aber nicht sofort treffen. Es liegt dann auch an Ihnen herauszufinden, inwieweit die ausgeschriebene Position Ihren Wünschen gerecht wird und ob sich einen schriftliche Bewerbung lohnt. Vielleicht sind noch Fragen offen. Lassen Sie sich in einem solchen Fall weitervermitteln, oder vereinbaren Sie zu einem späteren Zeitpunkt einen Termin.

Checkliste Kapitel 6

Bitte beantworten Sie die folgenden Fragen. Die Antworten finden Sie im Anhang.

1. Wie bereite ich mich für einen Anruf bei einer Firma vor?
2. An wen sollen Sie sich wenden?
3. Welche Fragen kann man telefonisch abklären?
4. Was ist bei einem Telefongespräch wichtig?
5. Worauf sollten Sie großen Wert legen?
6. Wenn Sie den zuständigen Sachbearbeiter am Apparat haben: Wie sollten Sie das Gespräch beginnen?
7. Was kann man als positive Anzeichen eines Telefonkontakts betrachten?
8. Welche Merkmale sollten Sie bei einer Firma besonders kritisch betrachten?
9. Warum hilft eine „geschönte" Aussage über die eigene Tätigkeit bzw. die eigenen Fähigkeiten am Telefon nicht?
10. Wie können Sie ein vorzeitiges Ende des Telefonkontakts vermeiden?

7.   Fragen zum Gesprächseinstieg

Für diesen praktischen Teil des Buches habe ich typische Fragen aus
über tausend Vorstellungsgesprächen ausgewählt. Zu diesem Zwecke
wurden mit Einwilligung der Teilnehmer, also Interviewer und Bewerber, Tonbandprotokolle erstellt und ausgewertet. Insgesamt nah-
men 32 Firmen an dieser Untersuchung teil. Neben den Fragen erhalten Sie auch Vorschläge für die Antworten. Letztere sollten Sie im
Hinblick auf die individuelle Situation und die eigene Bewerbung
sinnvoll abwandeln. Ich habe weiterhin versucht, eine Begründung für
die Antworten zu liefern und zu erläutern, warum diese von mir
vorgeschlagenen Alternativen sinnvoll sein könnten.

7.1   Neue Erfahrungen

Natürlich gehe ich gerne auf Ihre Argumente ein, wenn Sie meinen,
daß die eine oder andere Antwort besser sein könnte. Wenden Sie sich
zu diesem Zweck an meine Kontaktadresse, die im Serviceteil genannt
ist. Scheuen Sie sich nicht, mir Ihre Meinung zu sagen. Ich bin dank-
bar für Anregungen und Tips.

Die Fragen sind nach ihrer Häufigkeit geordnet, d.h. Fragen, die in
den genannten Vorstellungsgesprächen sehr häufig vorkamen, werden
zuerst behandelt. Weniger häufig verwendete Fragen folgen in
entsprechendem Abstand.

7.2 Einstiegsfragen

Als Einstiegsfragen werden im allgemeinen immer dieselben Formeln verwendet. Sie sollten diese Fragen einerseits wahrheitsgemäß beantworten, andererseits sollten berechtigte Einwände nicht zu massiv sein. Suchen Sie einen goldenen Mittelweg.

Aufwärmphase: Frage- und Antwortbeispiele

F: „Wie war Ihre Anreise?"
A: „Die Anreise war gut und vorzüglich organisiert."

F: „War der Stau heute morgen schlimm?"
A: „Nein, er war nicht schlimmer als sonst, nur hat er mich heute besonders genervt."

F: „Haben Sie uns gleich gefunden?"
A: „Nein, um ehrlich zu sein, ich habe mich dreimal verfahren."

F: „Wie gefällt Ihnen unser Betrieb?"
A: „Sehr gut, ich denke, daß ich mich hier wohl fühlen könnte."

F: „Wie war Ihr erster Eindruck?"
A: „Mein erster Eindruck ist ausgesprochen positiv."

F: „War die Reiseskizze richtig?"
A: „Die Skizze war ehrlich gesagt ein wenig verwirrend."

F: „Wir hoffen, daß Sie eine angenehme Reise hatten."
A: „Vielen Dank für die Nachfrage, ja, die Reise ist angenehm verlaufen."

F: „Sind Sie an der Pforte zuvorkommend empfangen worden?"
A: „Na, ich muß schon sagen, der Pförtner war etwas ruppig."

F: „Haben Sie unser Fax noch rechtzeitig erhalten?"
A: „Nein, wahrscheinlich war ich schon unterwegs."

F: „Waren Sie mit der Unterkunft (mit dem Hotel) zufrieden?"
A: „Ja, das Hotel ist sehr empfehlenswert."

F: „Wurden Sie von unserem Fahrer abgeholt?"
A: „Nein, ich bin mit dem Taxi gekommen."

F: „Ist Ihre Frau mitgekommen?"
A: „Nein, meine Frau mußte leider zu Hause bleiben, um unsere drei Kinder zu betreuen."

F: „Fühlen Sie sich heute wohl?"
A: „Ja, ich fühle mich heute sehr wohl."

F: „Hatten Sie eine anstrengende Fahrt?"
A: „Nein, die Anfahrt war angenehm."

7.3 Anschlußfragen

In der weiteren Einstiegsphase werden von den Interviewern gerne offene Fragestellungen verwendet. So beginnen Fragen dieser Art immer mit einen Fragefürwort, also mit „was, wer, warum, wozu". Beispiele für diese Fragestellungen finden Sie weiter unten. Antworten Sie auf diese Fragen sehr offen und frei.

Anschlußfragen: Frage- und Antwortbeispiele

F: „Was hat Sie zu uns geführt?"
A: „Ihre Firma hat in der Branche einen guten Ruf. Als ich Ihre Anzeige sah, habe ich die Chance beim Schopf ergriffen."

F: „Wer hat Sie auf unsere Anzeige aufmerksam gemacht?"
A: „Eine Kollegin hat Ihre Anzeige in der Süddeutschen Zeitung gesehen."

F: „Warum haben Sie sich gerade bei uns beworben?"
A: „Ich bin, um ehrlich zu sein, sehr karrierebewußt und erfolgsorientiert. Ich denke, daß ich mit diesen Eigenschaften bei Ihnen am besten aufgehoben bin."

F: „Wozu haben Sie uns außer Ihrer Bewerbung auch noch einen Fotoband geschickt?"
A: „Ich möchte Ihnen gerne ein umfassendes Bild meiner bisherigen Tätigkeit vermitteln."

Offene Fragen zum Gesprächsbeginn werden häufig beim ersten Kontakt gestellt. Sie dienen dazu, den Bewerber oder die Bewerberin selbstsicherer zu machen. Eigentlich kann man gar keine falschen Antworten geben. Solche Fragen dienen außerdem dazu herauszufinden, ob Sie die gewünschten Qualifikationen mitbringen. Ihre Gesprächspartner sollten den Eindruck erlangen, daß Sie sich sehr für Ihren Beruf interessieren und daß Ihnen diese Stelle sehr wichtig ist.

7.4   Rhetorik und nonverbale Kommunikation

Als qualifizierter Bewerber müssen Sie sich spätestens in der ersten Phase des Vorstellungsgesprächs die Frage stellen: „Wie kann ich meine Qualifikationen anbieten, daß der potentielle Arbeitgeber sie versteht, in mir einen Gewinn für die Firma sieht und mich deshalb einstellt?"

Sie können viel theoretisches Wissen mitbringen, trotzdem zeigt sich in der Praxis, daß viele Bewerber den kommunikativen Teil, nämlich die eigenen Fähigkeiten richtig darzustellen, unvollständig beherrschen. Es kommt auf Details an. Oft wird der richtige Ton nicht gefunden oder Botschaften der Körpersprache nicht richtig verstanden. Wenn Sie sich trotz nachgewiesener hoher fachlicher Kompetenz unsicher in der Gesprächsführung fühlen, können Ihnen die nachfolgenden Tips helfen, Sicherheit zu erlangen.

Selbsteinschätzung

So wenig wie Tests objektiv sind, so wenig ist auch ein Vorstellungsgespräch objektiv. Wenn Sie also zur Vorstellung geladen wurden, ist
vor allem wichtig, wie Ihre Botschaft beim Zuhörer ankommt.

Sie sollten von sich selbst überzeugt sein. „Real ist, was realistisch
demonstriert wird." Gehen Sie von diesem Grundsatz aus. Sie müssen
zunächst von der eigenen Sache überzeugt sein, bevor Sie Ihre Meinung vor anderen vertreten können.

Wenn Sie innerlich davon überzeugt sind, daß Sie den Job nicht
machen möchten, sich aber trotzdem bewerben, dann wird das Ihr
Gegenüber spüren. Unsichere Formulierungen, unechte Gesten etc.
hinterlassen beim Empfänger die Botschaft, daß Ihr Anliegen nicht
echt ist. So haben Sie kaum eine Chance zu überzeugen.

Lassen Sie Stellenangebote, die Sie nicht wirklich annehmen wollen,
besser fallen. Sie ersparen sich eine Enttäuschung.

Folgende Vorschläge für Ihr Verhalten sollen Ihnen helfen, Ihre
rhetorischen Fähigkeiten zu steigern. So bekommen Sie jedes Gespräch besser in den Griff.

Es kommt nicht darauf an, ständig zu reden und die Interviewer nicht
zu Wort kommen zu lassen. Sie sollten vielmehr Ihre rhetorischen
Fähigkeiten gezielt, selektiv und bewußt einsetzen können.

Sprechen Sie richtig

Ein Grundsatz erfolgreicher Rhetorik ist, richtig zu sprechen. Damit
können Sie Ihre Interviewer fesseln und überzeugen. Verändern Sie
immer wieder einmal das Sprechtempo und die Lautstärke Ihrer
Stimme. Setzen Sie ganz bewußt Gesprächspausen. Langsames und
deutliches Sprechen vermittelt Ihren Gesprächspartnern, in Ihnen ei-

nen kompetenten Bewerber vor sich zu haben. Wichtig sind auch Pausen, die Sie vor und nach gewichtigen Argumenten machen sollten.

Um diese Art der Gesprächsführung zu üben, empfehle ich Ihnen das laute Lesen von Texten und das Üben in Rollenspielen zusammen mit einem Partner.

Achten Sie auf Ihre Körpersprache

Die Körpersprache spielt beim Vorstellungsgespräch eine wichtige Rolle. Sie ist ein Instrument, das Sie einsetzen müssen, um die Gegenseite zu überzeugen.

Wenn Sie Ihre Körpersprache bewußt einsetzen, dann können Sie damit Argumente unterstützen, können beispielsweise durch dynamisches Auftreten einen positiven Eindruck hinterlassen.

Das beginnt bereits mit der Begrüßung im Büro. Ein energischer, fester Händedruck kann dem Personalchef signalisieren, daß er es mit einem selbstbewußten Bewerber zu tun hat, der weiß, was er will. Vielleicht sollten Sie sich die Wirkung eines selbstbewußten Auftretens ab und zu ins Gedächtnis rufen, damit Sie sich entsprechend verhalten können.

Wenn Sie mit verschränkten Armen und breitbeinig vor den Interviewern stehen, dann vermittelt diese „geschlossene" Körperhaltung einen abwehrenden Eindruck. Sie wirken intolerant und abweisend, auch wenn dies nicht zutrifft.

Wenn Sie mit hängenden Schultern und gesenktem Kopf das Büro betreten, so wirken Sie mit einer solchen Körperhaltung nicht sehr überzeugend. Mit dieser „Verlierergeste" hinterlassen Sie den Eindruck, daß Sie den gestellten Aufgaben nicht gewachsen sind bzw. daß Sie den Job eigentlich gar nicht verdienen.

Stellen Sie sich deshalb offen vor die Interviewer. Unterstreichen Sie Ihre Argumente mit natürlich wirkenden Gesten. Sehen Sie Ihren Gesprächspartnern in die Augen. Wenn Sie das nicht können, fixieren Sie einen Punkt in der Mitte der Stirn Ihres Gegenübers. Psychologische Untersuchungen haben ergeben, daß kein Mensch zu unterscheiden vermag, ob Sie ihm tatsächlich in die Augen oder nur auf die Stirn sehen.

Halten Sie Blickkontakt mit Ihren Gesprächspartnern und versuchen Sie ruhig auch einmal zu lächeln. Humor hat außerdem noch nie geschadet. Vielmehr entspannt ein Lächeln die Situation und schafft eine angenehme Atmosphäre. Sie werden lockerer und wirken deshalb ungezwungener und freier.

Üben Sie zu Hause vor dem Spiegel so lange, bis Ihr Lächeln ungezwungen erscheint und Ihr Lachen natürlich klingt. Verwenden Sie für die Lach-Übung ein Tonbandgerät.

Akzeptieren Sie Ihre Angstgefühle

Beinahe jeder Mensch hat Angstgefühle, wenn er sich einer Kommission stellen muß. Sie kennen sicher die Symptome: Herzklopfen, feuchte Hände, trockener Mund, rauhe Kehle, Hustenreiz und ein flaues Gefühl in der Magengegend.

Es nützt nur wenig, sich mit dem Gedanken vertraut zu machen, daß es Ihren Mitbewerbern nicht viel besser ergeht. Viel wichtiger ist es zu erfahren, wie Sie dieses Problem in den Griff bekommen können.

Ein besonders effektiver Weg ist die Entspannung. Es gibt verschiedene Methoden, zum Beispiel die autogene Entspannung, das Autogene Training. Für welche Methode Sie sich auch entscheiden, der Erfolg wird nicht lange auf sich warten lassen. Entspannt und innerlich frei haben Sie viel größere Erfolgschancen. Alle Entspannungsmethoden erfordern ein gewisses Maß an Training. Entspannungsmethoden lassen sich leicht erlernen, entweder in Kursen oder auch per Cassetten.

Die Entspannungstechniken bestehen darin, durch Übung Geist, Seele und Körper zu einer sogenannten „Kurzentspannung" kommen zu lassen. Wenn Sie merken, daß Ihre innere Unruhe, Angst und Beklommenheit stärker wird, schalten Sie einfach eine kurze Entspannungsphase ein. Damit können Sie das Entstehen einer unkontrollierbaren Angst verhindern.

Solche kurze Entspannungsphasen können Sie durchführen, ohne daß Ihr Gegenüber dies bemerkt. Er wird Ihre Entspannung eher als Gesprächspause registrieren, was sich positiv auswirken kann.

Ein weiterer Ansatz zur Vermeidung von Sprechangst vor einer Kommission ist die Anwendung der rational-emotiven Therapie. Hierbei müssen Sie sich die gesamte Situation vor Augen führen und akzeptieren, daß jede Ihrer Reaktionen – auch die Angst – wichtig ist und dazu dient, das Vorstellungsgespräch positiv zu beenden. Ihre Angst kann in Motivation und Ansporn umgewandelt werden.

Sie sollten nicht versuchen, Bewerbungssituationen zu vermeiden. Im Gegenteil, je öfter Sie sich bewerben, um so besser sind Ihre Chancen und um so größer ist der Gewinn, den Sie aus einer nicht erfolgreichen Vorstellungen ziehen können. Mit jeder Bewerbung wächst Ihre Selbstsicherheit.

Argumente richtig einsetzen

Oftmals werden Sie die Erfahrung machen, daß Ihnen die Argumente ausgehen, wenn Sie zu Beginn eines Gesprächs schon alles gesagt haben. Sie verfallen dann leicht in den Fehler, vieles zu wiederholen.

„Das wissen wir alles schon", wird dann die folgerichtige Antwort der Interviewer sein. Vermeiden Sie also den Fehler, schon bei den ersten Fragen alle Argumente aufzuzählen. Wenn Sie das tun, überfordern Sie zum einen Ihre Gesprächspartner, und zum anderen fordern Sie Situationen heraus, die für Sie sehr unangenehm werden können.

Wenn es dann um die eigentliche Entscheidung geht, bleiben keine Argumente mehr, und Sie stehen mit leeren Händen da. Versuchen Sie deshalb, mit Ihren Argumenten vorsichtig umzugehen, und formulieren Sie das, was Sie sagen wollen, präzise und nachvollziehbar. Auch hier gilt wieder: Üben Sie alles vorher schon im Rollenspiel.

Die „Ja-aber-Technik"

Diese Technik wird in vielen Ratgebern für Gesprächs- und Verhandlungsstrategien sehr empfohlen. Sicher haben auch Sie diese Techniken schon oft unbewußt angewandt. Sie geben dem Gesprächspartner auch in heftigen Diskussionen das Gefühl, akzeptiert zu werden und geachtet zu bleiben. Formulierungsmöglichkeiten dieser Strategie sehen folgendermaßen aus:

◆ „Ich glaube, daß Sie vollkommen recht haben, doch Sie sollten folgendes ebenfalls beachten."
◆ „Da stehe ich ganz und gar auf Ihrer Seite, aber in diesem Fall sollten Sie noch weitere Aspekte hinzunehmen."
◆ „Sicher sehen Sie das richtig, aber kennen Sie die Höhe des Tariflohns wirklich ganz genau?"

Sie sehen selbst, solche Sätze wirken ganz anders als ein kaltes „Nein". Da bleiben immer noch Wege offen, und die Fronten verhärten sich nicht.

Nennen Sie Argumente, die gegen Sie sprechen

Als höchste Kunst der Rhetorik wird es angesehen, die vermuteten Gegenargumente gleich selbst zu nennen. Sie können sich dann sehr effektiv selbst widerlegen und Ihren Interviewern gleich den Wind aus den Segeln nehmen. Dazu benötigen Sie ein großes Maß an Hintergrundinformationen. Kenntnisse über die Stelle, den Betrieb, den Personalbedarf und die allgemeine Wirtschaftslage sind hierzu unerläßlich.

Sicher haben Sie bereits im eigenen Interesse versucht, alle wichtigen Informationen so schnell wie möglich zu erhalten. Wenden Sie dieses Wissen nun an.

Ihre Gesprächspartner müssen dann möglicherweise ebenfalls überlegen, und Sie gewinnen Zeit. Außerdem herrscht der Eindruck vor, daß Sie bestens informiert sind und mit erheblichem Insiderwissen aufwarten können. Das stärkt Ihre Position.

Checkliste Kapitel 7

Bitte beantworten Sie die folgenden Fragen. Die Antworten finden Sie im Anhang.

1. Welche Frage muß ich mir selbst in der ersten Phase des Vorstellungsgesprächs stellen?
2. Was ist eine der Grundvoraussetzungen für ein erfolgreiches Bewerbungsgespräch?
3. Worauf kommt es beim Gespräch an?
4. Wie können Sie den Personalchef am besten davon überzeugen, daß Sie der ideale Bewerber oder die ideale Bewerberin sind?
5. Wie spricht man richtig?
6. Wie können Sie geschickt Ihre Meinung sagen, ohne die Meinung Ihres Gesprächspartners in Zweifel zu ziehen?
7. Wie können Sie Ihren Gesprächspartner den Wind aus den Segeln nehmen und Einwänden vorbeugen?
8. Welches ist einer der verbreitetsten Fehler zu Beginn eines Gesprächs?
9. Wie kann ich meine Worte verstärken?
10. Wie gehe ich mit meiner Angst beim Gespräch um?

8.   Selbstdarstellung als Ziel

Nach dem ersten freundlichen Dialog beginnt ein zweiter, weitaus wichtigerer Teil des Gesprächs. Man könnte diesen Teil mit dem Titel „einleitende Worte zur Selbstdarstellung" überschreiben.

Sie werden bemerken, daß nicht nur Sie sich selbst, sondern auch die Firma sich in einem guten Licht darstellen möchte.

In manchen Vorstellungsgesprächen ufert genau dieser Gesprächspunkt in einen halbstündigen Monolog aus. Was gibt es nicht alles zu berichten? Der schwierige Aufbau der Firma, die Hungerjahre, der Krieg, die ersten zaghaften Erfolge nach dem Wiederaufbau, der Lichtblick am Horizont und jetzt die Rezession.

Beinahe alles, was Sie schon aus diversen Firmenbroschüren wissen, wird Ihnen hier neu aufgetischt. Unter dem Motto „Wir sind hier, um uns etwas besser kennenzulernen!" werden Sie gründlich bearbeitet.

8.1   Was wollen Personalchefs wissen?

Personalchefs bevorzugen beim Berufseinstieg Hochschulabsolventen, die jung sind, aber dennoch über Berufspraxis verfügen. Das weiß inzwischen jeder Abiturient. Die Frage, die Sie deshalb beschäftigt, lautet, wie das zu realisieren ist. Der wohlmeinende Rat erfolgreicher Väter, erst eine Lehre zu absolvieren und anschließend zu studieren, verliert zunehmend an Überzeugungskraft. Denn dies hat den Nachteil, daß man kaum vor 30 das begehrte Hochschuldiplom in Händen halten kann. Dies deckt sich, besonders mit Blick auf den europaweiten Vergleich, immer seltener mit den Personalrekrutierungsstrategien der Unternehmen. Das Weiterbildungsangebot der Berufspraktiker scheint vielen Gymnasiasten als zu anstrengend und zu lang.

Vor allem aber erscheint es mit dem hohen Risiko verbunden, die angestrebte Führungsposition ohne akademische Weihen vielleicht doch nicht erreichen zu können.

Den Konflikt zu lösen, verspricht eine Zauberformel, die duales Studium heißt. Inzwischen gibt es ein reichhaltiges Angebot von Berufsakademien, Fachhochschulen, Universitäten und Wirtschaftsakademien. Während die Wirtschaftsakademien bewußt auf die staatliche Anerkennung verzichten und die Universitäten gezielt die Eliteausbildung anstreben, stellen Berufsakademien und Fachhochschulen die Mehrzahl entsprechender Ausbildungsplätze.

Wo bildungspolitische Interessen aufeinanderprallen, geht es immer um Geld. Gegner und Befürworter in den Personalabteilungen stehen sich da gegenüber. Sie wissen nie, mit wem Sie es zu tun haben. Allerdings können Sie davon ausgehen, daß man Ihnen im Vorstellungsgespräch gewisse Chancen einräumt.

Den Berufsakademien, die Baden-Württemberg seit 1980 eingerichtet hat, haben die Verknüpfung der Ausbildungsstätten Betrieb und Hochschule salonfähig gemacht. Die Verknüpfung erfolgt während der dreijährigen Gesamtausbildungszeit im vierteljährlichen Wechsel.

Ableger gibt es mittlerweile in Sachsen und Berlin, in modifizierter Form auch in Niedersachsen und Schleswig-Holstein. Berufsakademien einzurichten erwägen Sachsen-Anhalt und Thüringen. Baden-Württemberg stellt inzwischen die Abschlüsse der Berufsakademien denen einer Fachhochschule gleich.

Eine Untersuchung bei Daimler-Benz ergab, daß zwei Drittel der an Berufsakademien Diplomierten, sechs Jahre später Positionen auf der Führungsebene innehatten, mit Schwerpunkten im Vertrieb, Controlling und Rechnungswesen. Ein Vergleich zu den Karriereverläufen von Fachhochschulabsolventen und Universitäten fehlt. Ebenso freilich auch eine Differenzierung nach Positionen im Mittel- und Topmanagement.

Trotzdem ist es so, daß sich Personalleiter ein genaues Bild über die Ausbildung eines jeden Bewerbers machen wollen.

Sie analysieren den beruflichen Werdegang sehr genau und stellen dazu Fragen.

So ist es etwa von großer Bedeutung für die unternehmerischen Konzepte der Personalentwicklung, daß Berufsakademieabschlüsse nicht europafähig sind. Unter Umständen werden sie später einmal bundeseinheitlich anerkannt. Darauf hoffen die Berufsakademien immer noch. Daß sich diese Hoffnung erfüllt, scheint indessen zweifelhaft. Gegenwärtig kann man auf der Bundesebene keine Mehrheit dafür finden. So wird wohl ein großer Teil der Berufsakademien in Fachhochschulen überführt.

Es geht bei den Betrieben um das Gehalt. Ist eine Ausbildung an der Berufsakademie nicht staatlich anerkannt, so liegt das Gehalt unter dem eines Fachhochschülers. Leisten beide Fachkräfte in etwa dieselbe Arbeit, dann entstehen dem Betrieb geringere Personalkosten. Kein Wunder also, daß Akademieabschlüsse bei den Personalchefs beliebter sind als Fachhochschulabschlüsse.

8.2   Anforderungsprofil

Der richtige Mann oder die richtige Frau am richtigen Platz – das ist das Ziel jeder Personalbeschaffung. Der Erfolg und die Zufriedenheit der Mitarbeiter hängt davon ab. Soll dieses Ziel erreicht werden, ist ein qualitativ hochwertiges Verfahren der Personalbeschaffung notwendig.

Dieses Verfahren soll soweit wie möglich standardisiert sein. In der ersten Phase gilt es, eine lange „Beschaffungszeit" vorauszuplanen. Außerdem ist es notwendig, sich die Anforderungen an künftige Mitarbeiter im Detail bewußt zu machen, wenn beide Seiten zufriedengestellt werden sollen.

In der Praxis kommt es jedoch fast immer zu einem kurzfristigen „Löcherstopfen". Deshalb ist die Frage des Personalchefs „Wann können Sie bei uns einsteigen?" fast immer ausschlaggebend für die letztendliche Personalentscheidung. Die meisten Betriebe leben von „der Hand in den Mund" – jedenfalls personalwirtschaftlich gesehen. Eine konsequente Abstimmung der Personalplanung mit der Unternehmensplanung gibt es in den seltensten Fällen.

Eine Folge dieser Planungstätigkeit können Anforderungsprofile sein, die dem Personalchef übergeben werden. Ein Anforderungsprofil besteht aus zwei Teilen: der Stellenbeschreibung (Job Description) und dem Leistungsprofil.

Anforderungsprofil

Stellenbeschreibung

♦ mit Positionsbeschreibung
♦ mit Arbeitsplatzbeschreibung
♦ mit Kompetenzen
♦ mit Konditionen

Leistungsanforderungen

♦ an die Ausbildung
♦ an die Erfahrung
♦ an die Persönlichkeit des Bewerbers
♦ an das Alter

Die Anforderungsprofile werden von der Personalstelle überprüft. Zunächst anhand der schriftlichen Unterlagen, der eingereichten Bewerbungsmappen, dann anhand der persönlichen Präsentation im Bewerbungsgespräch.

Anforderungsprofile können aufgrund kurzfristig eintretender, unvorhersehbarer Situationen erstellt werden. Sie sind unter Umständen auf die Richtlinien der Personalpolitik abzustimmen.

8.3   Konsequenzen im Vorstellungsgespräch

Personalchefs bereiten sich eingehend auf das Vorstellungsgespräch vor. Dazu gehört die tiefgehende Analyse der Bewerbungsunterlagen und eine reibungslose Organisation der äußeren Bedingungen.

Die Auswertung der Bewerbungsunterlagen erfolgt nach folgenden Gesichtspunkten:

Analyse der Bewerbungsunterlagen

Formanalyse

♦ Vollständigkeit von Anschreiben, Lebenslauf und Zeugnissen
♦ alle Bewerbungsunterlagen sind sauber und sinnvoll zusammengestellt
♦ Angaben in Unterlagen und Zeugnissen sind ausführlich und erlauben einen differenzierten Überblick
♦ die Angaben im Lebenslauf sind logisch verständlich – inhaltlich und zeitlich aufgeführt
♦ die schriftliche Darstellung ist präzise und eindeutig und hat Aussagekraft

Inhaltsanalyse

♦ Schulen wurden selten gewechselt, Klassen nicht wiederholt
♦ Berufsausbildung wurde in der üblichen Zeit abgeschlossen
♦ gute Ergebnisse ziehen sich durch alle Abschlußbeurteilungen
♦ Darstellung der Leistungs- und Interessenschwerpunkte ist differenziert und fachspezifisch
♦ bisher kein zu häufiger Stellenwechsel
♦ die Stellen wurden in der Regel mehr als zwei Jahre einbehalten

- angegebene freiwillige Firmenwechsel sind unter dem Gesichtspunkt der finanziellen Verbesserung, Verbreiterung der Basis oder Spezialisierung zu sehen
- bei freiwilligen Stellenwechseln wurden verantwortungsvollere Positionen erreicht
- Stellenwechsel aufgrund von Rationalisierung oder Insolvenz eines Unternehmens halten einer Überprüfung stand

8.4 Gesprächsinhalte

Typische Fragen und Sätze zu dieser zweiten Phase des Vorstellungsgesprächs sind im folgenden Teil zusammengestellt. Sie finden wieder einige vorbereitete Antworten oder Hinweise auf Antworten. Sie sollten diese Antworten aber nur als Anregungen übernehmen und keinesfalls auswendig lernen. In einem echten Vorstellungsgespräch müssen die Antworten auf Ihre eigene Situation passen.

In dieser zweiten Phase der Vorstellung wollen die Interviewer neben anderen Informationen wissen, wie sehr sich der Bewerber mit der Firma identifizieren kann.

Fragen und Antworten zur Firmenpräsentation

F: „Wir sind hier, um uns gegenseitig etwas besser kennenzulernen. Was wissen Sie über uns?"
A: Geben Sie einen allgemeinen Überblick über die Firma, sofern Sie solche Informationen bereits haben. Gehen Sie nicht ins Detail.

F: „Ich bin Ihr künftiger Vorgesetzter. Darf ich Ihnen ein wenig aus unserer Abteilung berichten?"
A: Gehen Sie auf dieses Angebot ein. Stellen Sie interessierte Zwischenfragen.

F: „Kennen Sie die Firmengeschichte? Nein, dann kann ich folgendes
   ausführen ..."
A: Lauschen Sie den Ausführungen. Sie sollten keinesfalls unterbrechen und sagen, daß Sie das nicht hören wollen. Unterstreichen
   Sie Ihr aktives Zuhören durch nonverbale Gesten der Zustimmung.

F: „Wir können Ihnen einiges über den vakanten Arbeitplatz sagen."
A: Äußern Sie Zustimmung, und lassen Sie sich die Arbeitsplatzbeschreibung zeigen. Sie können auch über die einzelnen Punkte,
   wie Kompetenzen etc., diskutieren.

F: „Könnten Sie sich vorstellen, bei uns zu arbeiten?"
A: „Ja." Führen Sie einige Argumente an, die für diesen Arbeitsplatz
   sprechen.

F: „Sie sind nun mit Turnschuhen hierher zur Vorstellung gekommen.
   Glauben Sie, daß wir Sie so zum Kunden lassen?"
A: „Nein, sicher nicht." Führen Sie aus, warum Sie diese Meinung
   haben. Werden Sie nicht trotzig, und fügen Sie dem ersten Fehler
   nicht noch einen weiteren hinzu.

F: „Wie könnten wir Ihre zukünftige Position noch etwas plastischer
   darstellen?"
A: „Vielleicht haben Sie ein Organigramm des Bereiches?"

F: „Wünschen Sie noch weitere Informationen über uns?"
A: „Ja." Bitte nur in begründeten Fällen nachfragen. Das Gespräch
   soll nicht unnötig in die Länge gezogen werden.

F: „Kennen Sie Argumente, die gegen Sie sprechen?"
A: Nennen Sie nur Argumente, die Sie selbst wieder entkräften können.

F: „Was halten Sie von unserer Firmenkultur?"
A: Nennen Sie ein paar Stichpunkte, die Sie über die Firmenkultur des
   Betriebs in Erfahrung bringen konnten.

F: „Wir bieten folgende Sozialleistungen ... Sind Ihnen diese persönlich wichtig?"
A: Zählen Sie die für Sie wichtigsten Sozialleistungen auf. Wenn diese
   angeboten werden, erhöht sich die Attraktivität der Firma.

F: „Folgende Mitarbeiter werden Ihnen unterstellt ..."
A: Lassen Sie sich alles genau erklären.

F: „Der Vertreter für Ihre Stelle ist noch nicht bestimmt."
A: Was muß er evtl. machen? Wie funktioniert die Zusammenarbeit? Lassen Sie sich alles erklären.

F: „Für die Stelle bestehen folgende Befugnisse und Vollmachten."
A: Lassen Sie sich diese genau beschreiben.

F: „Haben Sie zu diesem Komplex noch einige Fragen an uns?"
A: Stellen Sie eine oder zwei Fragen. Übertreiben Sie allerdings nicht. Ungünstig ist es, wenn Sie gar nichts fragen. Das deutet auf mangelndes Interesse hin.

Checkliste Kapitel 8

Bitte beantworten Sie die folgenden Fragen. Die Antworten finden Sie im Anhang.

1. Woraus besteht ein Anforderungsprofil?
2. Woraus setzt sich die Stellenbeschreibung zusammen?
3. Woraus setzt sich die Leisungsanforderung zusammen?
4. Wonach werden die Bewerbungsunterlagen analysiert?
5. In der zweiten Phase des Vorstellungsgesprächs geht es um die Firma. Was interessiert die Interviewer hier ganz besonders?
6. Was wollen Personalchefs wissen?
7. Was versteht man unter einem dualen Studium?
8. Was ist bei einem Berufsakademieabschluß unbedingt zu berücksichtigen?
9. Die Personalbeschaffung geschieht häufig kurzfristig. Welche Frage spielt daher eine wichtige Rolle bei der Personalentscheidung?
10. Was ist das Ziel jeder Personalbeschaffung?

9. Selbstdarstellung des Bewerbers / Eigenpräsentation

„Was hat Ihnen an Ihrer bisherigen Arbeitsstelle so gefallen?" – das ist wohl die häufigste Frage, wenn es in die dritte Phase des Vorstellungsgesprächs geht.

Es geht um den Bewerber selbst. Wie sollte nun der ideale Bewerber bzw. die ideale Bewerberin aussehen? Es gibt hierzu keine eindeutige Antwort. Jeder Betrieb hat seine eigenen Vorstellungen.

„Die Lebenserfahrung zeigt, daß ein ganzheitlicher, zufriedener Lebensweg deutlich wichtiger ist, als das eindimensionale Ziel, Karriere zu machen", meinen heute die meisten Personalchefs. Doch diese haben auch gut reden. Wer sich langsam an die Spitze geschafft hat, hat wieder freie Sicht und kann das Berufsleben anders wahrnehmen als ein Bewerber, der in der Mitte der Aufbaujahre steht. „Die Karriere nimmt man am besten nicht so wichtig", sagen jene, die Karriere gemacht haben.

So sind oft diejenigen Bewerber am beliebtesten, die nicht ständig nach dem Chefsessel schielen. Sind sie auch die Besten, und werden sie in den Betrieb aufgenommen? Und wie soll man herausfinden, welchen Typ von Bewerber man gerade vor sich hat?

In der Tat gibt es unterschiedliche und widersprüchliche Anforderungen, denen Sie sich ausgesetzt fühlen.

Wie sieht es mit dem Bild aus, das man sich gemeinhin vom erfolgreichsten aller Bewerber macht? „Jung, mit Auslandserfahrung, mindestens viersprachig und einer Zusatzqualifikation zum MBA an einer hochrangigen Business-Schule."

Diesen Bewerber, der zumindest für die Unternehmensführung denkbar wäre, gibt es leider nicht. Der erreichbare Bewerber sieht anders aus.

In der heutigen internationalen Geschäftswelt wird bei Bewerbern eine entsprechende kommunikative Kompetenz vorausgesetzt. Englisch sollten Sie nicht als Fremdsprache, sondern fast wie eine zweite Muttersprache betrachten. Doch entscheidend für den Erfolg bei der Vorstellung sind offenkundig ganz andere Fähigkeiten, nämlich Fleiß und Motivation.

Vielleicht möchte man diese Haltungen als veraltet abtun. Das hilft aber dem einzelnen nicht weiter. Fleiß wird im Berufsleben ganz allgemein hoch bewertet und als sehr wichtig eingestuft. Außerdem ist die Arbeitsfreude der Mittelpunkt jeder Motiviation.

Am besten ist es, wenn Sie eine Tätigkeit suchen, die Ihnen wirklich Freude macht oder einen Arbeitsplatz anstreben, an dem Sie Ihre Fähigkeiten voll einsetzen können.

Diese Freude an der Arbeit sollten Sie im Vorstellungsgespräch vermitteln können. Aber das allein reicht nicht. Mut, Nerven und Gelassenheit sowie die Bereitschaft, im Notfall etwas mehr zu tun, gehören ebenfalls zu den Geheimrezepten der erfolgreichen Bewerber.

Wenn Sie ganz am Anfang Ihrer beruflichen Laufbahn stehen, dann sollten Sie sich Vorgesetzte suchen, die Ihnen ein Vorbild geben können. Seien Sie neugierig – auch über das eigene Fachgebiet hinaus. Nutzen Sie jede Chance, Ihr Wissen auszuweiten, auch wenn das kurzfristig für Ihr Arbeitsgebiet keinen konkreten Nutzen verspricht. Es dient Ihrer persönlichen Entwicklung und hilft langfristig bei der Karriere.

Bewerber mit den besten Berufschancen sind zweifellos Studenten, die einen breitangelegten Abschluß vorweisen können. In der Fächerwahl sind sich die Personalchefs und Unternehmensberater uneins. Während manche noch immer dem Jurastudium den Vorrang einräumen, meinen andere, daß es prinzipiell egal ist, was man studiert. Ob Betriebswirtschaft, Volkswirtschaft, Jura oder Informatik, das ist nicht so wichtig, Hauptsache ist das Studium an sich.

Wer als Bewerber aus der Praxis kommt und vor dem Studium eine Lehre absolvierte, kennt beide Seiten des Betriebsalltags. Er hat bestimmte praktische Voraussetzungen, die ein „Nur-Student" gar nicht vorweisen kann.

So hat beispielsweise der Vorstandsvorsitzende von Daimler-Benz, Jürgen Schrempp, diese Doppelqualifikation. Nämlich eine Lehre als Kraftfahrzeugmechaniker bei Mercedes und ein Maschinenbaustudium an einer Fachhochschule.

Generell gilt: Wichtig ist das Studium an und für sich. Man kann es sozusagen als Orientierungsstufe ansehen. Wer sich jedoch zuerst orientiert und dann studiert, hat einige Vorteile. Er kann das ganze Studium und die Ausbildung auf das vorgegebene Ziel ausrichten. So werden alle Aktivitäten zielorientiert angegangen.

Im Vorstellungsgespräch sollten Sie Ihre Strategie vortragen können. Man wird Sie sicher danach fragen. Versuchen Sie, in Ihrer beruflichen Laufbahn einen sogenannten „roten Faden" zu entwickeln und im Vorstellungsgespräch vorzutragen.

9.1   Gesprächsinhalte

Typische Fragen dieser dritten Pase im Vorstellungsgespräch habe ich hier wieder kompakt dargestellt. Sie finden wieder einige Muster-Antworten, die Sie auf die eigene Situation angemessen abändern sollten.

In dieser dritten Phase des Vorstellungsgesprächs geht es den Interviewern darum herauszufinden, wie der berufliche Werdegang zustande gekommen ist. Ist daraus ein zielstrebiges Verhalten abzuleiten? Wie sieht der „rote Faden" aus? Wie stark ist die Motivation, bestimmte Ziele zu erreichen? Wie sehen diese Ziele aus? Und eine ganz wichtige Frage: „Passen diese Ziele zu uns und unserer Firma oder werden wir nur als Sprungbrett benützt?"

Fragen und Antworten zum beruflichen Werdegang

F: „Schildern Sie uns kurz Ihren bisherigen beruflichen Werdegang"
A: Gehen Sie möglichst präzise auf die einzelnen Stationen ein. Wenn das zu umfangreich wird, sollten Sie einfach Stichworte des beruflichen Werdegangs benennen.

F: „Welchen Eindruck haben Sie von Ihrer beruflichen Ausbildung?"
A: „Ich denke, daß meine Ausbildung gut und breitgefächert zugleich ist. Insbesondere denke ich dabei an ..."

F: „Wie verlief Ihre berufliche Ausbildung?"
A: „Mein Ausbildung verlief zielorientiert und zweckmäßig."

F: „Wo sehen Sie Ihre beruflichen Stärken?"
A: „Ich sehe meine Stärken in dem Bereich ..."

F: „Welche Tätigkeiten haben Sie im einzelnen an Ihrem letzten Arbeitsplatz ausgeübt?"
A: „Ich wurde zu folgenden Tätigkeiten regelmäßig herangezogen ..."

F: „Von wem wurden die Aufgaben gestellt, und wie erfolgte die Beaufsichtigung?"
A: „Die Aufgaben erhielt ich vom Bereichsleiter, dem ich regelmäßig meine Berichte vorlegte."

F: „Mit welchen Stellen hatten Sie regelmäßig Kontakte?"
A: „Ich hatte mit allen Stabstellen des Verkaufs einen regelmäßigen Kontakt."

F: „Wie wurden Ihre Arbeitsergebnisse überprüft?"
A: „Ich erhielt regelmäßig Buchkontrollen und Prüfberichte, die an die interne Kontrollabteilung weitergeleitet wurden."

F: „Welche Berufsausbildung halten Sie für die ausgeschriebene Position für notwendig? Welche für wünschenswert?"
A: „Grundsätzlich ist das natürlich eine Entscheidung, die von Ihnen gefällt werden muß. Ich kann mir aber vorstellen, daß ich mit meiner Ausbildung als ... vollkommen richtig liege. Außerdem könnte ich mir noch ... als hilfreiche Basisausbildung vorstellen."

F: „Wie umfangreich ist Ihre Berufs- und Betriebserfahrung?"
A: „Ich arbeite seit 25 Jahren in der Abteilung für Patentrecht, und ich habe eine umfangreiche betriebliche Erfahrung."

F: „Welche besonderen Kentnisse und Schulungen auf dem Gebiet der ... können Sie vorweisen?"
A: „Ich habe spezielle Schulungen in ... und weitere firmeninterne Kurse auf dem Gebiet der ... besucht."

F: „Wie schätzen Sie sich ein? Zeigen Sie eher Eigeninitiative, oder lassen Sie sich leichter von einem Vorgesetzten lenken?"
A: „Ich denke, daß ich beides kann. Das gilt sowohl für die Eineninitiative, die Arbeit im Team oder das Arbeiten nach den Anweisungen eines Vorgesetzten."

F: „Würden Sie sich eher für einen durchschnittlich oder einen überdurchschnittlich qualifizierten Bewerber halten?"
A: „Zunächst ist Ihr Urteil darüber ausschlaggebend. Ich denke aber, daß ich eher im mittleren Bereich liege."

F: „Wie lange wollen Sie diesen Job machen?"
A: „Ich will mich weiterqualifizieren und mache zur Zeit eine Fortbildung über ... Möglicherweise kann ich nur ein paar Jahre bei Ihnen bleiben."

F: „Wo wollen Sie in fünf Jahren stehen?"
A: „Ich denke, daß ich dann für eine Position als Abteilungsleiter zur Verfügung stehe."

F: „Was halten Sie für Ihre größte Schwäche?"
A: „Ich glaube, ein gewisses Mißtrauen gegenüber nicht nachprüfbarem Datenmaterial ist eine meiner größten Schwächen."

F: „Wie wichtig ist Ihnen Ihr Urlaub?"
A: „Mein Urlaub ist für mich sehr wichtig, was nicht heißen soll, daß ich im Notfall nicht auch auf ein paar Tage verzichten kann, wenn der Gang der Geschäfte das erforderlich macht."

Checkliste Kapitel 9

Bitte beantworten Sie die folgenden Fragen. Die Antworten finden Sie im Anhang.

1. Welche Kriterien spielen bei der Besetzung einer Position eine große Rolle?
2. Ist das Studium auch heute noch wichtig?
3. Welche Fachrichtung wird von Personalchefs bevorzugt?
4. Was gehört zu den wichtigen Eigenschaften, die eine Einstellung begünstigen?
5. Welche Eigenschaft hilft bei der beruflichen Karriere?
6. Egal, ob Studium oder Lehre oder eine Kombination aus beiden – wie vermitteln Sie am besten Ihre Kompetenz?
7. Wenn Sie nach Schwächen gefragt werden, müssen Sie darauf antworten?
8. Wenn der berufliche Werdegang geschildert werden soll – wie gehe ich vor, wenn es sich um viele Stationen handelt?
9. Welche Lebenseinstellung eines Bewerbers wird heute bei den Personalchefs immer beliebter?
10. Bezüglich der Ziele des Bewerbers: Welcher Gedanke spielt für Personalchefs eine wichtige Rolle?

10.   Soziale Schicht / persönliche Situation

Obwohl es heute verpönt ist, Einteilungen in soziale Schichten zu unternehmen und Bewerber in Ober-, Mittel- und Unterschicht zu trennen, wird in der Praxis kein Hehl daraus gemacht, daß die soziale Schicht eines Bewerbers dennoch eine wichtige Rolle bei der Bewerbung spielt.

Vergessen ist der Grundsatz, daß allen gleichermaßen eine Chance gegeben werden sollte, wenn es um das Interesse des eigenen Geschäfts geht. „Sicherlich gibt es auch bestimmte hochbegabte Bewerber aus der Unterschicht, aber bitte nicht in unserem Betrieb. Wir sind schließlich keine soziologische Forschungsanstalt." Das ist eine zwar zumeist unausgesprochene, aber dennoch wirkende Auffassung in vielen Personalabteilungen.

Über die Fragen zur sozialen Herkunft werden Bewerber also gnadenlos gesiebt, und zwar nach den althergebrachten sozialen Vorstellungen der jeweiligen Vorgesetzten.

Nach was wird nun gesucht? Einige Fragen zielen auf die Herkunft ab, etwa ob der Bewerber in der Stadt oder auf dem Land groß geworden ist. Vielleicht paßt er besser in ein Team, das häufiger mit der Landbevölkerung zu tun hat.

Die Frage nach Geschwistern zielt darauf ab, ob es der Bewerber gewohnt ist, sich in eine Gruppe einzupassen. Einzelkindern spricht man die Gruppenfähigkeit eher ab und meint, daß sie häufiger Integrationsschwierigkeiten haben können.

Eine Frage nach der Teilnahme an Jugendgruppen oder nach einer aktiven Rolle etwa in der Studentenbewegung zielt darauf ab, die soziale Einbindung eines zukünftigen Bewerbers abzuschätzen. Wer in der Jugend gelernt hat, sich unterzuordnen und sich sozial einzugliedern, wird auch im Betrieb, wo es ja auf Teamarbeit ankommt, weniger Probleme verursachen als ein notorischer Einzelgänger.

Derselbe Hintergrund muß bei einer Frage nach der bevorzugten Beschäftigung in der Freizeit, etwa nach Geselligkeit und Gemeinschaft, Reiselust etc. gesehen werden.

Bei der Frage nach dem Familienstand wird vom Personalchef unterstellt, daß verheiratete Bewerber mit ein oder zwei Kindern einen harmonischen Familienhintergrund aufweisen. Geschiedene hingegen oder Bewerber mit mehr als zwei Kindern haben leichter finanzielle Schwierigkeiten, sind eher unstet und öfters krank. Ob man wirklich immer den Statistiken trauen kann? Sicher ist, daß im Personalbüro kein Pardon gegeben wird, wenn es darum geht, betriebsintern bewälrte (Vor-)Urteile zu bestätigen.

Eine Frage nach einer beabsichtigten Heirat, kann damit begründet werden, daß die Firma eine hohe Fluktuation unter den Mitarbeitern vermeiden möchte. Dabei wird bei einer Heirat häufig unterstellt, daß Sie möglicherweise demnächst umziehen wollen.

Doch nicht immer sind solche Fragen negativ zu bewerten. So kann sich die Frage nach dem Familienstand, ob geschieden oder ledig, auch positiv auswirken. So werden Mitarbeiter bevorzugt dann im Außendienst eingesetzt, wenn sie familiär unabhängig sind. Dasselbe gilt für Fachkräfte, die später in Führungspositionen aufrücken sollen. Wer keine Familie hat, hat mehr Zeit für die Firma.

10.1 Gesprächsinhalte

Im folgenden finden Sie wieder einige typische Fragen, die Sie in der vierten Phase des Vorstellungsgesprächs vermutlich zu erwarten haben. Die Musterantworten zielen darauf hin, bei den Interviewern eine möglichst positive Resonanz zu erhalten.

Denken Sie daran, daß man bei dieser Art Fragen nicht nur Ihre persönliche soziale Situation, sondern auch Ihre Einstellung dazu überprüft.

Fragen und Antworten zu Ihrer sozialen Schicht und persönlichen Einstellung

F: „In welcher Umgebung sind Sie groß geworden? In der Großstadt oder auf dem Land?"
A: „Als ich klein war, wohnten meine Eltern auf dem Land. Dann, nach ihrer Scheidung, bin ich mit meiner Mutter in die Stadt gezogen."

F: „Haben Sie Geschwister, oder waren Sie ein Einzelkind?"
A: Wahrheitsgemäß ... z. B.: „Ich war ein Einzelkind."

F: „Haben Sie einer Jugendgruppe angehört?"
A: „Ja, ich war beim ..."

F: „Hatten Sie dort eine bestimmte Funktion inne?"
A: „Ja, ich war Gruppenleiter für die 14- bis 16jährigen."

F: „Sind Sie in Ihrer Freizeit gerne alleine, oder bevorzugen Sie die Gesellschaft anderer Menschen?"
A: „Ich bin eher ein geselliger Mensch. Ich gehe gerne aus und unternehme auch einmal etwas mit Freunden, gehe mit ihnen ins Kino oder in ein Konzert."

F: „Aus Ihren Unterlagen entnehme ich, daß Sie verheiratet sind und drei Kinder haben. Wird es da finanziell nicht manchmal etwas eng?"
A: „Ja, da haben Sie recht. Aber meine Frau ist Krankenschwester, und wir werden von den Großeltern unterstützt."

F: „Für wie viele Personen müssen Sie sorgen?"
A: „Für sieben Personen."

F: „Wird es da finanziell nicht etwas eng?"
A: „Doch, aber wir führen keinen aufwendigen Lebensstil, und der Lebensunterhalt ist gesichert."

F: „Haben Sie die Absicht, in kürze zu heiraten?"
A: „Nein, eigentlich nicht." Oder: „Ja, das ist für das nächste Jahr eingeplant."

F: „Welche Meinung hat Ihre Frau über den geplanten Stellungswechsel?"
A: „Meine Frau freut sich, daß ich mich verbessern kann."

F: „Wäre Ihre Frau mit einer Versetzung und einem evtl. damit verbundenen Umzug einverstanden?"
A: „Ich denke, daß das kein Problem ist. Wir haben eine solche Möglichkeit bereits ins Auge gefaßt."

F: „Wie würden Sie selbst zu einer Versetzung und einem evtl. Umzug stehen?"
A: „Ich habe damit keine Probleme."

F: „Haben Sie bestimmte Hobbys?"
A: „Ja, ich bastle gerne mit meinen Kindern."

F: „Fällt es Ihnen leicht, Kontakte zu Ihnen fremden Menschen zu knüpfen?"
A: „Ja, das fällt mir leicht, ich bin vollkommen offen und vorurteilsfrei."

F: „Hatten Sie einmal in der Gegenwart anderer Personen eine Auseinandersetzung oder einen Disput mit jemandem? Worum ging es? Wie haben Sie diese Situation gelöst?"
A: „Ja, das hatte ich bereits. Es ging um eine Einstellungssache. In der Regel versuche ich, die Diskussion mit Argumenten zu lösen. Wenn jemand gar nicht zugänglich ist, versuche ich, den Disput zu vertagen."

F: „Mit welcher Art von Personen kommen Sie am leichtesten zurecht?"
A: „Am besten komme ich mit eher ruhigen und ausgeglichenen Personen zurecht. Es sind Menschen, die zuerst denken und dann reden."

F: „Mit welcher Art von Personen finden Sie den Umgang eher schwierig?"
A: „Für schwierige Menschen halte ich diejenigen, die sehr impulsiv reagieren und schnell zum Extremen neigen und dies zum Teil recht drastisch vertreten."

F: „Welche Eigenschaften besitzen Sie, die Ihnen den Umgang mit anderen Menschen erleichtern?"
A: „Ich denke, daß ich einfühlsam reagiere und verhandeln kann."

F: „Wie reagieren Sie, wenn ein Kunde unannehmbare Forderungen stellt?"
A: „Ich denke, daß ich mich aufs Verhandeln einlassen würde. Zunächst muß ich selbst davon überzeugt sein, daß die Forderungen des Kunden unannehmbar sind. Dann versuche ich, ihm zu erklären, warum diese Forderungen nicht erfüllt werden können."

F: „Wie gehen Sie damit um, wenn jemand, ein Kunde oder ein Kollege, Ihnen gegenüber permanent unfreundlich ist?"
A: „Zunächst würde ich auch gegenüber einem unfreundlichen Kunden, stets freundlich sein. Einen Kollegen würde ich evtl. auf seine Unfreundlichkeit ansprechen. Vielleicht ist ihm gar nicht bewußt, wie sein Verhalten ankommt."

F: „Wie gehen Sie vor, um ein Vertrauensverhältnis zu einem Kunden aufzubauen?"
A: „Ein Kunde muß meines Erachtens vor allem durch Leistung und Service überzeugt werden. Längerfristig geht es darum, einen zuverlässigen Service zu einem vernünftigen, nachvollziehbaren Preis zu bieten. Damit erreicht man eine kontinuierliche Vertrauensbasis."

F: „Was verstehen Sie unter einem guten Umgang mit Ihren Kunden?"
A: „Ein zuverlässiger Service, Dienstleistung, Hochachtung und persönliche Wertschätzung müssen dem Kunden entgegengebracht und glaubhaft vermittelt werden."

F: „Stellen Sie sich vor, daß Ihr Vorgesetzter in einer Sachdiskussion eindeutig im Unrecht ist, aber dennoch hartnäckig auf seinem Standpunkt beharrt. Wie reagieren Sie in einer solchen Situation?"
A: „Ich würde versuchen, eindeutiges Zahlenmaterial und nachprüfbare Tatsachen vorzuweisen. Wenn er das nicht einsehen will, breche ich jeden weiteren Überzeugungsversuch ab."

Checkliste Kapitel 10

Bitte beantworten Sie die folgenden Fragen. Die Antworten finden Sie im Anhang.

1. Ist die soziale Schicht eines Bewerbers auch heute noch wichtig für die Besetzung einer Stelle?
2. Abgesehen von der sozialen Schicht, welche anderen sozialen Kriterien werden bewertet?
3. Wie wird der Familienstand beurteilt?
4. Wird es als Vorteil angesehen, wenn man auf dem Land aufgewachsen ist?
5. Was wird Einzelkindern häufig unterstellt?
6. Sollten Sie Aktivitäten in der Schule und während der Ausbildung erwähnen, wenn Sie nicht danach gefragt werden?
7. Was kann man aus Freizeitbeschäftigungen schließen?
8. Gehen Fragen nach dem Privatleben nicht zu sehr ins Private?
9. Wie soll man auf diffizile Fragen nach dem Umgang mit anderen Menschen – Vorgesetzten etc. – antworten?
10. Welche Antworten sind richtig?

11.   Leistungsvariablen und Teamfähigkeit

Volkswagen, ein Konzern, der immer noch regierungsamtlicher Einflußnahme und in überdurchschnittlichem Maße der Mitbestimmung der Arbeitnehmerseite unterliegt, hat in der Personalpolitik eine ungewöhnliche Kreativität entwickelt.

Das gilt nicht nur für die Einführung der Viertagewoche als Alternative zu Massenentlassungen, sondern auch für neue Formen der Mitarbeiterbeteiligung in Workshops des sogenannten kontinuierlichen Verbesserungsprozesses (KVP). Volkswagen legt schon in der Einstellungsphase Wert darauf, daß nur die Besten zum Zuge kommen.

Als Besonderheit wurden wichtige Themenkomplexe entwickelt, die bei Volkswagen zu einer eigenständigen Einheit innerhalb des Vorstellungsgesprächs gereift sind. Das gilt vor allem für Neueinstellungen jüngerer Mitarbeiter, die über den „Generationenvertrag" von Volkswagen übernommen werden. Dieser sieht vor, daß Beschäftigte ab 55 Jahren zugunsten der Einstellung von Nachwuchs in den Vorruhestand gehen, dies freilich zu Lasten der Solidarkassen.

Alles wurde vom Personalvorstand Peter Hartz entwickelt, der nun auch neue Konzepte für den Führungsnachwuchs und die Einstellungspraxis ersonnen hat. Ein zentraler Gedanke ist die Erfassung aussichtsreicher Kandidaten und deren individuelle Betreuung im Sinne eines fachlichen und zugleich der Persönlichkeitentwicklung dienenden Trainings. Diese Hilfestellung vom Vorstellungsgespräch bis zur Karriere wird etwas mißverständlich mit dem Begriff „Coaching" umschrieben. Angelehnt ist dieses Wort an den englischen Begriff „Trainer".

Beinahe zwangsläufig heißt die Einrichtung, die bei Volkswagen das Know-how von Personalakquisition und -entwicklung betreibt, denn auch Volkswagen Coaching GmbH. Eine eigene Gesellschaft wurde gegründet, damit die Leistung auch an Dritte weiterverkauft werden kann. Untersucht und optimiert wird dabei die Personalakquisition, -entwicklung und -administration.

Volkswagen will nach eigenen Worten in fünf Jahren das erfolgreichste Autounternehmen der Automobilindustrie werden. Dieses Ziel hat man sich dort selbst gesetzt. Es muß mit den vorhandenen Führungskräften und -methoden erreicht werden. Um es aber auf Dauer zu halten, will sich Volkswagen zugleich selbst die am besten ausgesuchten und ausgebildeten Führungskräfte heranziehen.

Natürlich gab es auch bisher schon eine Führungskräfteentwicklung, die jeweils angemessen betrieben wurde. Doch jetzt soll der Mitarbeiter, der nach dem neuen Konzept ausgebildet wurde, auf allen Ebenen eingesetzt werden. Größte Bedeutung bei der Heranbildung von neuen Führungskräften wird schon der Personalauswahl beigemessen.

Hier soll kein Aufwand gescheut werden, negative Auswirkungen von Fehlentscheidungen sollen vermieden werden. Eine fachliche Spezialisierung, und sei sie noch so hochqualifiziert, ist dabei nicht das Ausbildungsziel. Das Anforderungsprofil an eine Führungskraft wird weniger über die fachliche Seite definiert. Insbesondere soll die Führungskraft Vorbild sein und die Mitarbeiter im Sinne eigenverantwortlichen Verhaltens in die Entscheidungsprozesse miteinbeziehen. Die Persönlichkeitsmerkmale „Koordinieren und Integrieren" gelten als eigentliche Basis für eine erfolgreiche Managementleistung. Das Führungsentwicklungskonzept enthält somit alte und neue Werte.

Die Karriere bei Volkswagen beginnt mit einem Assessment-Center. Dort werden die Kandidaten eineinhalb Tage geprüft. Dazu werden aus vorliegenden Bewerbungen, die aus Eigeninitiative entstanden, oder durch Beobachtungen an der Universität von Volkswagen angeregt wurden, bestimmte Kandidaten ausgewählt. In einem Vorauswahlgespräch werden diesen Bewerbern ganz bestimmte Fragen gestellt.

Wir wollen uns hier einige dieser Fragen genauer ansehen. Sie sind nicht nur für Bewerber bei Volkswagen wichtig. Wenn das Coaching-Projekt von Volkswagen Erfolg hat, wird das Konzept wohl von einem großen Prozentsatz der deutschen Industrie übernommen werden.

11.1   Teamfähigkeit

Fragen und Antworten zu besonderen Themen, so könnte der Titel dieses Kapitels lauten. Die Themen haben wir bereits angesprochen. Nun wollen wir die konkreten Fagen dazu kennenlernen. Die Fragen unterteilen sich in verschiedene Themenbereiche. Sie benötigen nur solche Fragen, die tatsächlich für Ihren beruflichen Lebensweg wichtig sind.

Die Musterantworten sind wieder so formuliert, daß sie einen positiven Eindruck bei den Interviewern hinterlassen.

Was ist bei den Unternehmen erwünscht? Sicher wird heute mehr und mehr Teamarbeit verrichtet. Für Einzelkämpfer ist kaum noch Platz. Zudem sollten Mitarbeiter anpassungsfähig und generell einsetzbar sein. Damit wird dem Wunsch der Unternehmen entsprochen, auf eine schwankende Auftragslage mit einer flexiblen Produktion zu antworten.

Je mehr Sie sich dieser Vision annähern können, desto besser sind Ihre Einstellungschancen.

Die folgenden Fragen sind für alle Bewerber wichtig, die eine Führungsposition anstreben.

Fragen und Antworten zur Teamfähigkeit

F: „Arbeiten Sie lieber allein oder in einem Team?"
A: „Ich arbeite lieber im Team."

F: „Wo sehen Sie Vor- und Nachteile der Teamarbeit?"
A: „Diese Frage gleicht eher einem Aufsatzthema. Wenn ich mich kurz fassen darf, dann sehe ich die Vorteile der Teamarbeit vor allem in der Motivation jedes einzelnen Mitarbeiters. Als Nachteil wäre hingegen der etwas langsamere Entscheidungsprozeß zu benennen, der bei jedem Gruppenprozeß auftritt."

F: „Welche Ihrer Fähig- und Fertigkeiten scheinen Ihnen bei einer Teamarbeit von Nutzen?"

A: „Ich bin flexibel und leistungsstark, zugleich kann ich mich rasch auf fremde Menschen einstellen und fühle mich im Team erst richtig wohl."

F: „Haben Sie schon einmal im Team gearbeitet?"

A: „Ja, ich habe bei … im Entwicklungsteam mit sechs Kollegen zusammengearbeitet."

F: „Gibt es im Team Arbeitsformen, die Sie für besonders effizient halten?"

A: „Ja, ich halte die gemeinsamen Arbeitsprozesse für effizient und kreativ."

F: „Stellen Sie sich bitte vor, der Moderator eines Teams zu sein. Welche Grundsätze hätten Sie im Umgang mit der Gruppe?"

A: „Ich würde vor allem für eine sachliche und gleichberechtigte Diskussion eintreten. Entscheidungen würde ich nach dem Mehrheitsprinzip treffen."

F: „Was wären für Sie absolute 'Teamkiller'?"

A: „Unter Teamkillern würde ich Menschen verstehen, die sich absolut nicht am Gruppenprozeß beteiligen wollen oder beteiligen können."

F: „Stellen Sie sich bitte vor, daß Sie in einem Team arbeiten, in dem ein Vielredner, Besserwisser und Selbstdarsteller die Zusammenarbeit stört. Wie gehen Sie in einer solchen Situation vor?"

A: „Ich würde das Problem vor der Gruppe ansprechen und um eine gruppeninterne Lösung bitten."

11.2   Leistungsmotivation, Selbständigkeit

In manchen betrieblichen Situationen sind besonders leistungsorientierte Menschen gefragt. Wer unabhängig von einem direkten Vorgesetzten arbeiten muß, sollte außerdem ein hohes Maß an Selbständigkeit und -sicherheit mit in den Beruf bringen. Sind diese Persönlichkeitsmerkmale am Arbeitsplatz, etwa bei einem Außendienstmitarbeiter, erforderlich, so werden sie im Vorstellungsgespräch unweigerlich zur Sprache gebracht.

Sie sollten sich deshalb die folgenden Fragen genau anschauen, wenn in der Stellenausschreibung selbständiges und leistungsorientiertes Arbeiten angesprochen wurde.

Fragen und Antworten zur Leistungsmotivation

F: „Wie sehen Sie Ihren derzeitigen Arbeitsplatz? Wie würden Sie ihn gerne zukünftig gestalten?"
A: „Ich denke, daß mein derzeitiger Arbeitsplatz meinen Vorstellungen weitgehend entgegenkommt. Für einen zukünftigen Arbeitsplatz würde ich mir sehr viel mehr Selbständigkeit und Entscheidungsfreiheit wünschen."

F: „Können Sie uns anhand eines eigenen Beispiels sagen, wie Sie Ideen entwickeln, um Arbeitsvorgänge zu optimieren?"
A: „Ich gehe dabei systematisch vor. Wenn ich ein Problem erkannt habe, suche ich sämtliche Alternativen dazu oder überlege mir in einem Brainstorming, was ich verbessern könnte. Meistens ist ein brauchbarer Lösungsweg dabei."

F: „Verlief Ihre Ausbildungsphase eher eingleisig, oder haben Sie mehrere Alternativen in Erwägung gezogen?"
A: „Zu Beginn meiner Studienzeit war ich eher offen. Erst in der Mitte der Ausbildung habe ich mich endgültig für das Fach ... entschieden."

F: „Welche anderen Ausbildungsalternativen standen in der engeren Auswahl?"
A: „Ich dachte vor allem an Pädagogik und Soziologie."

F: „Welchen Zweck hätten Sie mit diesen beiden Alternativen verfolgt?"
A: „Ich hatte schon immer eine Ader für die Sozial- und Verhaltenswissenschaften. Ich dachte, daß sich zusammen mit der Technik interessante Kombinationsmöglichkeiten ergeben würden."

F: „Nehmen wir an, Sie wären plötzlich arbeitslos. Was würden Sie am meisten vermissen?"
A: „Mir würden vor allem die beruflichen Herausforderungen meines Arbeitsplatzes fehlen und die daraus entstandenen sozialen Kontakte."

F: „Denken Sie an Ihre letzte Tätigkeit. Was hat Ihnen am meisten gefallen?"
A: „Mir hat die Arbeit im Team und die tägliche Herausforderung des Arbeitsplatzes am meisten gefallen."

F: „Haben Sie in irgendeinem Fach oder in irgendeiner Phase Ihres Studiums mehr gebracht, als man von Ihnen erwartete?"
A: „Ja, ich habe mich besonders in das Nebenfach Psychologie hineingekniet. Das zeigen dann auch meine guten Noten."

F: „Welchen besonderen Anreiz hatten Sie, sich hier mehr als nötig zu engagieren?"
A: „Zum einen war in diesem Fach ein sehr aktiver und renommierter Professor tätig, den ich als persönliches Vorbild sah, zum anderen dachte ich mir, daß Psychologie in jeden Bereich des beruflichen Alltags hineinspielt und mir so bestimmt im Laufe des weiteren beruflichen Werdegangs hilfreich zur Seite stehen könnte."

F: „Wenn Sie nun zurückblicken, würden Sie sagen, daß es sich für Sie gelohnt hat?"
A: „Ja, ich habe mein Engagement bisher immer als persönlichen Erfolg verbuchen können."

F: „Welche beruflichen Ziele wollten Sie bisher schon erreichen?"
A: Nennen Sie hier die von Ihnen angestrebten beruflichen Ziele.

F: „Haben Sie diese Ziele zum Teil schon erreicht?"
A: Zählen Sie hier die bereits erreichten und noch ausstehenden beruflichen Ziele auf.

F: „Welches berufliche Ereignis war Ihr größter persönlicher Erfolg? Und warum?"
A: Nennen Sie hier Ihren größten beruflichen Erfolg, und begründen Sie diesen.

F: „Haben Sie schon einmal daran gedacht, sich selbständig zu machen?"
A: „Ja, daran habe ich bereits gedacht."

F: „Woran scheiterte dieses Vorhaben bisher?"
A: „Ein konkreter Plan ist an mangelndem Eigenkapital gescheitert."

F: „Würden Sie einen zweiten Anlauf starten?"
A: „Ja, wenn die Ausgangsposition günstiger ist."

F: „Welche Weiterbildungsmaßnahmen haben Sie bisher besucht?"
A: Nennen Sie hier, möglichst vollständig, alle Weiterbildungskurse, die Sie besucht haben.

11.3   Berufliche Entwicklung

Neben der Schullaufbahn und dem Studium stellt die berufliche Entwicklung einen der wichtigsten Schwerpunkte im Vorstellungsgespräch dar. Der berufliche „Werdegang" wird deshalb ganz besonders von den Interviewern durchleuchtet und auf potentielle Schwachstellen abgesucht.

Im folgenden finden Sie die wichtigsten Fragen und Antworten zu diesem Themenkomplex.

Fragen und Antworten zu Ihrem beruflichen Werdegang

F: „Wie sind Sie zu Ihrer letzten Position gekommen?"
A: „Ich habe mich für diese Stelle beworben."

F: „Schildern Sie einen typischen Arbeitsalltag in Ihrer vorigen Position."
A: Versuchen Sie, ein deutliches Bild Ihrer Tätigkeit aufzuzeigen. Gehen Sie insbesondere auf Verantwortung und Belastung ein.

F: „Was hat Ihnen in Ihrer letzten Stellung nicht besonders gefallen?"
A: Halten Sie sich hier unbedingt an die in Ihren Bewerbungsunterlagen gemachten Aussagen. Verunglimpfen Sie keine Vorgesetzte oder Mitarbeiter. Bleiben Sie sachlich. Machen Sie im Zweifelsfall Aussagen, die andeuten, daß Ihre Entwicklungsmöglichkeiten begrenzt waren. Das identifiziert Sie als erfolgsorientierte Führungskraft.

F: „Warum wollen Sie Ihre Stellung aufgeben?"
A: Begründen Sie Ihre Aussage sachlich. Die Gründe sollten mit den schriftlichen Angaben übereinstimmen. Zum Beispiel: Ich hatte keine beruflichen Aufstiegschancen mehr.

F: „Warum haben Sie bisher noch nie die Stelle gewechselt?"
A: „Ich konnte meine bisherige Stelle immer mit neuen Aufgabenbereichen anreichern. Jetzt ist jedoch ein gewisses Maß an Sättigung eingetreten."

F: „Warum haben Sie bisher Ihre Arbeitgeber so oft gewechselt?"
A: „Ich hatte stets das Pech, nicht gemäß meiner Aus- und Weiterbildung eingesetzt zu werden."

F: „Haben Sie besondere Ansprüche an einen neuen Arbeitgeber, um häufigen Stellungswechsel zu vermeiden?"
A: „Sicher, ich habe bestimmte Vorstellungen von einem neuen Arbeitgeber. Doch diese beziehen sich nicht nur auf materielle Ziele. Insgesamt müssen alle Arbeitsbedingungen stimmen: Motivation, Arbeitsplatzsicherheit, -zufriedenheit etc." Stellen Sie hier keine allzu idealistischen Forderungen auf. Bedenken Sie, daß Ihre Forderungen realistisch und erfüllbar klingen müssen, damit man Ihnen Glauben schenkt.

F: „Welche Position würden Sie gerne bei uns ausfüllen?"
A: „Nun zunächst würde ich mir die ausgeschriebene Position genauer ansehen wollen. Wenn Sie weitere Vorschläge und Entwicklungsmöglichkeiten sehen, dann würden mich Ihre Vorstellungen
sehr interessieren."

F: „In Ihren Bewerbungsunterlagen ist uns folgendes aufgefallen ...
Könnten Sie uns das bitte genauer erklären?"
A: Versuchen Sie, den Vorgang so genau wie möglich darzulegen.

F: „Ihr beruflicher Werdegang weist folgende Lücken auf. Könnten Sie
uns diese näher erklären?"
A: Versuchen Sie, den Vorgang so gut wie möglich darzustellen.

F: „Warum haben Sie Ihre Schulbildung mit der Realschule abgeschlossen und nicht weitergeführt?"
A: „Ich wollte damals so schnell wie möglich eigenes Geld verdienen."

F: „Warum haben Sie eine Hochschulausbildung angefangen und
nicht zu Ende geführt?"
A: „Ich habe erkannt, daß dieses Studium nicht meinen Fähigkeiten
und Neigungen entsprach und deshalb folgende Ausbildung gewählt ..."

F: „Haben Sie während des Studiums igendwelche beruflichen Tätigkeiten ausgeübt?"
A: Antworten Sie wahrheitsgemäß, was Sie gemacht haben. Optimal
wäre eine Tätigkeit, die bereits etwas mit Ihrem späteren Beruf zu
tun hatte. Der Arbeitgeber ersieht daraus, daß Sie sich in Ihrem
Studium nicht nur theoretisch mit Ihrer Materie beschäftigt haben.
Können Sie keine solche Tätigkeit vorweisen, so betonen Sie die
positiven Erfahrungen, die Sie für Ihre spätere Berufstätigkeit nutzen konnten.

F: „Haben Sie während Ihrer beruflichen Tätigkeit an geeigneten Weiterbildungsmaßnahmen teilgenommen?"
A: Hier gilt ähnliches wie für die vorige Frage.

F: „Haben Sie noch andere Weiterbildungspläne?"
A: „Ja, ich möchte mich in den Bereichen ... intensiv weiterbilden."

F: „Warum haben Sie eigentlich keine Weiterbildung betrieben?"
A: „Ich habe mich während meiner bisherigen Berufslaufbahn mit der Lektüre von Fachzeitschriften auf dem laufenden gehalten."

F: „Welche Fächer haben Ihnen in der Schule am besten gelegen?"
A: Beantworten Sie die Frage nach bestem Wissen und Gewissen. Hier wird geprüft, ob Sie sich außer mit Ihrem Fachgebiet auch noch mit anderen Themen beschäftigt haben.

Checkliste Kapitel 11

Bitte beantworten Sie die folgenden Fragen. Die Antworten finden Sie im Anhang.

1. Was soll eine Führungskraft nach den Grundsätzen der VW Coaching GmbH sein?
2. Hat der Einzelkämpfer bessere Aussichten auf eine Einstellung als ein Team-Arbeiter?
3. Wie können Sie Ihre „Teamfähigkeit" im Gespräch unter Beweis stellen?
4. Was sollten Sie bei Fragen nach der augenblicklichen Position besonders hervorheben?
5. Was kann man als Grund für einen Stellenwechsel angeben?
6. Ich habe Lücken im beruflichen Werdegang, war einige Monate arbeitslos. Was soll ich sagen?
7. Ich habe die Studienrichtung zweimal gewechselt. Was tun?
8. Macht es einen guten Eindruck, wenn Sie darauf hinweisen, daß Sie sich bei einem Weiterbildungskurs eingeschrieben haben?
9. Es fehlen mir die geforderten fließenden Fremdsprachenkenntnisse in Spanisch. Hilft es, wenn ich ankündige, daß ich einen Crashkurs belegen werde, falls ich die Stelle bekomme?
10. Welchen Zweck dient die Frage nach meinen Lieblingsfächern in der Schule?

12.   Persönlichkeitsvariablen

Die Anforderungen an Bewerber haben sowohl auf der Sach- als auch auf der Beziehungsebene, im beruflichen als auch im privaten Bereich, eine Intensität erreicht, die zunehmend mehr Menschen überfordert. Die Konsequenz: Wer sich in der Anforderungs- und Reizüberflutung geistig-seelisch behaupten will, muß sehr bewußt mit sich umgehen. Die Forschung zeigt uns, daß mehrere Wege zu diesem Ziel führen. Aber eines ist allen gemeinsam: Die Weichen für das Überleben im bewußten oder unbewußten, fremd- oder selbstverursachten Dauerstreß werden im Kopf gestellt. Das Personalbüro heute sucht deshalb nach Mitarbeitern mit einen hohen Grad an mentaler Fitneß.

Unsere Vorfahren haben es bereits gewußt und wir wohl wieder vergessen. Denn wie sonst würden wir den Satz: „Der Glaube versetzt Berge", immer wieder ein wenig belächeln.

Trotzdem, wenn wir der neuen Forschung im Bereich der Neurobiologie glauben, dann trifft es doch zu, daß der Glaube Berge versetzen kann.

Alles, was wir fühlen und denken, jede bewußte und unbewußte Veränderung unseres Verhaltens ist das Ergebnis komplexer Vorgänge zwischen den Nervenzellen unseres Gehirns.

Seelisches Wohlbefinden hat seinen Ursprung in den Nervenzellen des Gehirns ebenso wie Unbehagen und seelische Störungen. Gleichermaßen wirken psychotherapeutische Verfahren durch ihren Einfluß auf die Gehirnzellen und deren Vernetzungen.

Ein besonderes Ergebnis der neurobiologischen Forschung ist der Nachweis der Verknüpfung unseres Gehirns mit dem Immunsystem und den Körperdrüsen durch Nervenfasern und Hormone. Diese Erkenntnisse haben weitreichende Folgen, und zwar nicht allein in medizinischer Hinsicht, sondern auch im Hinblick darauf, wie Menschen mit sich selbst umgehen.

Vereinfacht ausgedrückt heißt das, Menschen können sich krank denken, aber sie können sich auch gesund denken.

Welche Gedankenstrukturen ein jeweiliger Bewerber für sich selbst bevorzugt, das läßt sich leicht im Vorstellungsgespräch herausfinden. Die Fragen hierzu finden Sie im zweiten Teil dieses Kapitels. Das Ziel der Interviewer ist ebenfalls ein ganz praktisches: Durch geschicktes Fragen können sie einen „krankenfreien" Mitarbeiterstamm heranziehen – Mitarbeiter, die allen Grippeanstürmen zum Trotz gegen Wind und Wetter gefeit sind und mit hoher Wahrscheinlichkeit auch dann zur Arbeit erscheinen, wenn es ihnen einmal nicht so besonders gutgeht. Ein niederer Krankenstand von nur 5,2 % ist nicht Zufall, sondern auch die Folge einer guten Personalpolitik.

Als Phänomen ist bekannt, daß bestimmte Vorgesetzte einen hohen Krankenstand erzeugen, egal in welcher Abteilung sie beschäftigt werden. So nehmen häufig Vorgesetzte, wenn sie in eine „gesunde Abteilung" versetzt werden, ihren Krankenstand mit. Das allgemeine Betriebsklima selbst kann ebenfalls die Krankheitsrate hochtreiben.

In der medizinischen Diskussion geht man inzwischen schon ein wenig weiter. So nimmt man durchaus an, daß zwar nicht sehr häufige, aber immer wieder vorkommende Spontanheilungen von an und für sich unheilbaren Krankheiten im Bereich der neurobiologischen Verknüpfungen liegen. Weitergehend sagt das aber noch viel mehr aus. Das Denken jedes einzelnen Bewerbers kann generell sowohl Problem, Flucht oder auch Chance sein. Mit anderen Worten: Die Art und Weise, in der ein Bewerber denkt – wie er in seinem Kopf mit all den beruflichen Inhalten und alltäglichen Problemen umgeht, womit er sich befaßt, was er bewältigen muß – bewegt ihn letztendlich dazu, im Beruf eher anspornende, motivierende Erfolge zu haben oder frustrierende Mißerfolge zu verzeichnen.

Auf den Alltag angewendet, heißt das, daß der Mensch nicht ausschließlich ein starres Produkt seiner Erbanlagen ist, sondern ebenso seiner Erziehung und seiner Umwelt. Menschen sind in einem geradezu gefährlich unterschätzten Ausmaß das Produkt ihres eigenen Denkens.

Während im Sport das Wissen um diese Zusammenhänge mittlerweile zu dem „mentalen Training" geführt hat, dem neben der körperlichen

Belastung dieselbe Priorität eingeräumt wird, dringt dieser Gedanke
nur allmählich in den Berufsalltag.

Auch für Nichtsportler ist mentales Training ein Weg, um die ideale
Leistungsform zu erreichen und zu erhalten. Auch im beruflichen
Alltag müssen höchste Leistungen erbracht werden. Die persönliche
Einstellung zur eigenen psychischen Topform ist die beste Basis, um
Krisen zu meistern, in seinen Leistungen beständig zu sein und das
Beste zu geben.

Mentale Fitneß ist der Schlüssel zu einem bewußteren, entspannteren
und deutlich zielorientierten Leben. Personalchefs sind inzwischen
dazu übergegangen, ewige Nörgler, also Negativdenker, von positiv
eingestellten Bewerbern zu unterscheiden. Sie bevorzugen auf jeden
Fall den positiven Bewerber, denn nicht allein der Mensch selbst ist
das Produkt seines Denkens, sondern das ganze Unternehmen ist das
Ergebnis der Mentalfitneß der dort beschäftigten Personen.

Welche konkreten Schritte können Sie nun unternehmen, um im Bereich der Positiven zu landen. Im Grunde genommen ist es nur ein
einziger Schritt. Sie dürfen das, was geschieht, nicht einfach hinnehmen, sondern Sie müssen sich intensiv darum bemühen, Ihr Denken
stets auf die positiven Aspekte zu richten.

Was beim Ideensammeln, beim Brainstorming, seinen geregelten Ablauf hat, zum Beispiel die Ideen einfach so vor sich hinfließen zu lassen, ist für Lebensfreude, Gesundheit und Karriere nicht förderlich.
Grübeln und Sorgen belasten und machen krank.

Körperpflege haben wir schon lange zu einem kulturellen Standard
erhoben. Um die Pflege unserer Gedanken machen wir uns aber keine
Mühe. Dabei ist Denkhygiene, ebenso wie Sport und Körperpflege,
eine Grundvoraussetzung für ein gesundes, frustrationstolerantes Leben voller Leistungsfähigkeit.

Das bedeutet nun nicht, daß man alles mit einer rosaroten Brille sehen
soll, um jeden kritischen Gedanken zu verbannen. Es bedeutet aber
immerhin soviel, daß man versuchen soll, das unentwegte Grübeln zu
beenden. Gedanken, die stets um einen negativen Kern kreisen, müssen unterbrochen und durch etwas Positives, etwas das Freude macht,
ersetzt werden.

Immerhin, im Vorstellungsgespräch wird es nicht schwer sein, für ein paar Minuten die negativen Kreisgedanken aus der Welt zu schaffen. Da sieht es im wirklichen Leben dann ganz anders aus.

Wie erreicht man schließlich einen akzeptablen Grad an geistiger Fitneß?

Wenngleich dies wohl nicht der Gegenstand eines Vorstellungsgesprächs sein kann, so will ich trotzdem ganz kurz andeuten, in welche Richtung Ihre Antworten bei Fragen in bezug auf mentale Fitneß gehen sollten.

Selbstdisziplin

Zum einen ist da Selbstdisziplin, ein Begriff, der immer wieder in Vorstellungsgesprächen auftaucht. Oft auch unter den Begriffen Autodisziplin, Berufsdisziplin, Motivation, Leistungsbereitschaft etc. angesiedel. Zur Selbstdisziplin gehört, daß man jede gestellte Aufgabe so gut wie möglich erledigt. Das ist gewiß harte Arbeit, denn manchmal muß man geliebte Angewohnheiten aufgeben, alte Verhaltensmuster ändern, um ein höheres Ziel zu erreichen.

Selbstkontrolle

Eine bewußte Selbstdisziplin führt nach einer Zeit der Gewöhnung automatisch zur Selbstkontrolle. Nach und nach gelangen Sie zu einer Kontrolle darüber, was Sie tun, wie Sie denken und wie Sie reagieren. Ohne Selbstkontrolle können Sie das Vorhaben, der Beste zu sein, gar nicht erst verwirklichen.

Selbstvertrauen

In dem Maß, in dem Sie mehr und mehr die Kontrolle über sich selbst ausüben können, gewinnen Sie Vertrauen zu diesen neuen Fähigkeiten.

Beinahe zwangsläufig stellt sich so mehr und mehr Selbstvertrauen zu sich und seinen Fähigkeiten ein. Selbstvertrauen ist der Glaube an sich selbst, an die eigenen Fähig- und Fertigkeiten und an den Willen, diese bewußt und wirksam einzusetzen, um seine Ziele zu erreichen.

Selbstverwirklichung

Kommen wir schließlich zur vierten Stufe der mentalen Fitneß. Es ist dies die Selbstverwirklichung. Wenn Arbeitnehmer sich in ihrem Beruf selbst verwirklichen können, dann haben sie mit Fug und Recht den optimalen Arbeitsplatz gefunden. Die Selbstverwirklichung bedeutet, an dem vorgegebenen Arbeitsplatz sein ganzes Talent und Können entfalten zu können, so daß man mit seiner Arbeit glücklich und zufrieden ist.

Damit sind sämtliche Möglichkeiten offen, damit jeder sein volles Potential nutzen kann.

So ist das neu gefundene Leistungsniveau der Ausdruck dessen, was man innerlich erreichen möchte und erreichen kann, um wirklich innere Zufriedenheit zu erlangen.

Es ist zugleich das beglückende Gefühl, nun auch die richtige Leistung zu bringen. Wer diese innere Einstellung hat, wird auch gut arbeiten und seine Arbeit gut bewerten – als Folge eines harmonischen inneren Gefühlszustandes. Im Grunde genommen ist mentale Stärke die Fähigkeit, die richtige Art eines inneren, produktiven Gefühlszustandes herzustellen und über längere Zeit aufrechtzuerhalten.

Mentale Fitneß ist eine erlernbare, aber keine angeborene Fähigkeit. Wenn Sie von der Psyche her stark sind, dann haben Sie gelernt, stark zu sein. Der Prozeß, mit dem Sie diese mentale Fitneß erwerben, ist genau der gleiche, mit dem man körperliche Leistungsfähigkeit erwirbt. Dazu gehört harte Arbeit, Übung und Einsicht.

Im Vorstellungsgespräch selbst werden Sie an Ihren Fähigkeiten der mentalen Fitneß gemessen. Gefragt werden Sie nach Lebensfreude, Ihren Lebenszielen, nach dem Gefühl, die Dinge in der Hand zu haben, nach der Kontrolle über sich selbst und über das eigene Leben und nach Ihren Leistungsmöglichkeiten. Ob diese zum Beispiel schon ausgereizt sind, oder ob es da noch etwas an Spielraum gibt.

12.1 Konzentration / Belastbarkeit

Eine der Variablen, die im Vorstellungsgespräch gerne überprüft werden, ist der Themenbereich „Konzentration und Belastbarkeit". Da dieser unmittelbar mit mentaler Fitneß zusammenhängt, ist es nicht verwunderlich, wenn sich psychologisch geschulte Interviewer in dieser Thematik besonders hervortun.

Die folgenden Fragen und Antworten sind wiederum aus vielen Vorstellungsgesprächen zusammengestellt. Die Antworten stellen die beste Strategie dar, sie sind so gewählt, daß Sie den besten Eindruck hinterlassen.

Fragen und Antworten zu Konzentration und Belastbarkeit

F: „Gab es bestimmte Aufgaben oder Tätigkeiten, die Ihnen schon immer schwerfielen?"
A: „Ja, solche Aufgaben gab es immer und ich denke, man kann auch an solchen Aufgaben wachsen."

F: „Wie sind Sie mit solchen Aufgaben fertig geworden?"
A: „Ich habe mich intensiv mit diesen Aufgaben beschäftigt und sie als persönliche Herausforderung betrachtet. Nach und nach bin ich mit der Aufgabe gewachsen."

F: „Mußten Sie schon einmal eine umfangreiche Aufgabe innerhalb kürzester Zeit erledigen? Wie haben Sie sich da gefühlt?"
A: „Ich habe eine große Anspannung und viel Streß gespürt. Trotzdem fand ich gerade diesen Zeitdruck sehr motivierend, und es ist ein unvergleichliches Erfolgserlebnis, wenn man es 'wieder einmal' geschafft hat."

F: „Wenn eine Situation wirklich stressig ist, wie gehen Sie damit um?"
A: „Ich versuche, diese Situation erfolgreich durchzustehen. Manchmal setze ich auch bewußt Entspannungstechniken ein."

F: „Können Sie die Arten von Druck präzise beschreiben, die Sie bei der Ausführung dringender Tätigkeiten fühlen?"
A: „Eigentlich schon, aber dazu muß ich eher medizinisch-psychologisches Vokabular benutzen. Vielleicht könnte man es mit nervöser Anspannung etwas genauer ausdrücken."

F: „Welche Aufgabe haben Sie in Ihrer letzten Position als ... extrem langweilig empfunden? Wie sind Sie damit umgegangen?"
A: „Am langweiligsten habe ich immer Routinearbeiten empfunden. Diese habe ich nach und nach delegiert. Das hat mir einerseits neue Herausforderungen gegeben und andererseits konnte ich die 'Routinen' befriedigt ablegen."

F: „Wo haben Sie deutliche Konzentrationsschwächen erlebt?"
A: „Bei länger andauernden Routineaufgaben konnte ich mich nach einer gewissen Zeit nicht mehr richtig konzentrieren."

F: „Haben Sie sich über bestimmte Arbeitsangewohnheiten Ihrer Mitarbeiter geärgert?"
A: „Nein, eigentlich nicht. Natürlich sind bestimmte Arbeitsvorgänge verbesserungsfähig, aber meine Mitarbeiter haben sich durchweg als lernfähig erwiesen."

F: „Nun zum Thema Konflikte: Wie gehen Sie innerhalb des Kollegenkreises damit um?"
A: „Ich versuche, Konflikte anzusprechen. Oft kann man sie durch eine Aussprache lösen. Bei tiefergehenden Animositäten ziehe ich eine Trennung vor."

12.2   Flexibilität und Anpassungsfähigkeit

Der Arbeitsmarkt wird enger, daran gibt es keinen Zweifel. Das gilt nicht nur für die Industrie generell, sondern auch für den einzelnen Betrieb.

Seit über zwanzig Jahren steigt in jeder Konjunkturkrise die Zahl der Arbeitslosen. Die Ursachen der wachsenden Arbeitslosigkeit sind bekannt: Auf der einen Seite werden immer mehr Waren und Dienstleistungen von immer weniger Menschen hergestellt bzw. erbracht, weil der technische Fortschritt eine ungeheure Steigerung der Arbeitsproduktivität ermöglicht. In vielen Bereichen der Industrie genügen inzwischen zehn Beschäftigte, um dieselbe Produktivität zu erreichen wie vierzig Beschäftigte vor zwanzig Jahren.

Die zunehmende internationale Konkurrenz beschleunigt diese Entwicklung ständig.

Während immer weniger Arbeitsstunden zur Herstellung der Waren bzw. zur Verrichtung der Dienstleistungen benötigt werden, wächst die Zahl derer, die Erwerbsarbeitsplätze suchen, durch Zuwanderer und Frauen. Da sich aber die Anzahl der Arbeitsplätze trotz günstiger Konjunktur nur wenig erhöht, ist um die verbliebenen Plätze ein harter Kampf entstanden.

Die Arbeitgeber versuchen, ihre begehrte Ware „Arbeitsplatz" so „teuer" wie möglich zu verkaufen. Das heißt, aus einem einmal geschaffenen Arbeitsplatz soll das Maximum herausgeholt werden. Da die Löhne zumeist tariflich festgelegt sind, ist durch Druck auf den Lohn nichts zu machen. Allerdings scheint es möglich, mit Hilfe einer sehr selektiven Personalauswahl diejenigen Arbeitnehmer zu erfassen, die für denselben Lohn das Doppelte leisten. Wir haben darüber bereits zu Beginn dieses Kapitels gesprochen. Wenn es hier nun um Flexibilität und Anpassungsfähigkeit geht, dann ist damit gemeint, daß Mitarbeiter gesucht werden, die möglichst universell einsetzbar sind und die über den gesamten Zeitraum der Präsenz am Arbeitsplatz eine möglichst hohe Leistung erbringen.

Daß eine solche Selektion möglich ist, steht vollkommen außer Zweifel. Die Mittel dazu wurden bereits vor 30 Jahren von der psychologischen Forschung zur Verfügung gestellt. Neben Tests, Assessment-Center, Graphologie und Beobachtung stellt das Vorstellungsgespräch nur einen kleinen Auszug aus der Palette der Möglichkeiten dar, die sich anbieten. Da das Interview gängigerweise bei jeder Bewerbung angewandt wird, konzentrieren sich viele Personalchefs auf diese Art der Selektion.

Die hier vorgestellten Fragen sind typisch für den oben genannten Bereich. Die Antworten sollen wiederum eine optimale Hilfe für Ihr nächstes Vorstellungsgespräch sein.

Fragen und Antworten zu Flexibilität und Anpassungsfähigkeit

F: „Wie stehen Sie zu Überstunden? Wären Sie bereit, im Falle eines Falles wirklich länger zu arbeiten?"
A: „Wenn es nötig ist, habe ich nichts gegen Überstunden einzuwenden."

F: „Fühlen Sie sich für diese Arbeit voll und ganz fit?"
A: „Ja, ich kann ganz sicher sagen, daß ich diese Arbeit beherrsche."

F: „Haben Sie früher schon einmal die Arbeit eines anderen Mitarbeiters ganz oder teilweise mit übernehmen müssen?"
A: „Ja, das war der Fall. Wir haben uns im Büro die Arbeit eines kranken Kollegen aufgeteilt und während der Zeit seiner Abwesenheit mit übernommen."

F: „Wie hat das geklappt?"
A: „Das war natürlich mit einer erheblichen Mehrarbeit verbunden, aber es hat ganz gut funktioniert."

F: „Sind Sie schon einmal wegen einer interessanten neuen Stelle umgezogen?"
A: „Ja, das habe ich bereits zweimal gemacht."

F: „Hat das gut funktioniert?"
A: „Ja und nein, die Kinder hatten in der Schule doch erhebliche Umstellungsschwierigkeiten. Beruflich gab es keine Probleme."

F: „Ist es Ihnen schon einmal passiert, daß bei einer Projektplanung alles ganz anders lief als es geplant war, so daß Sie zum Beispiel alles umstellen mußten?"
A: „Ja, das ist mir einmal passiert."

F: „Wie haben Sie da reagiert?"
A: „Ich habe mir die Planungsdaten vorgenommen und das ganze Projekt so verändert, daß eine sinnvolle Arbeit möglich wurde."

F: „Gibt es in Ihrem Arbeitsumfeld auch starke Veränderungen, Neuerungen und Schwankungen? Wie können Sie damit umgehen?"
A: „Ja, jeder Arbeitsplatz ist von einem Umfeld umgeben, das sich laufend verändert. Ich versuche, mich stets an die neuesten Entwicklungen anzupassen."

F: „Bevorzugen Sie Tätigkeiten, bei denen Sie nicht so sehr viel Verantwortung tragen müssen?"
A: „Nein, das kann ich nicht behaupten. Das Gegenteil ist wohl eher richtig."

F: „Haben Sie Schwierigkeiten, wenn Sie alte Gewohnheiten ablegen müssen?"
A: „Nein, das kann ich nicht behaupten. Trotzdem trauere ich manchmal manchen geliebten Gewohnheiten nach."

F: „Fühlen Sie sich manchen Problemen hilflos ausgeliefert?"
A: „Nein, das ist glücklicherweise nicht der Fall."

F: „Bevorzugen Sie es, wenn jemand anders die Führung übernimmt?"
A: „Nicht immer; manchmal ist mir das aber auch recht angenehm."

F: „Wenn jemand auf die Idee kommt, am nächsten Wochenende nach Paris zu fahren, fahren Sie mit?"
A: „Ja, ich denke, daß ich mir das nicht entgehen lassen würde."

F: „Sind Sie der Meinung, daß Mitarbeiter durch eine bessere Führung eher motiviert werden können?"
A: „Ja, da sehe ich einen Zusammenhang, es sind aber noch weitere Faktoren da, die die Motivation beeinflussen können."

F: „Wie reagieren Sie, wenn andere nervös werden?"
A: „Wenn andere allzu nervös werden, versuche ich, ruhig und aufmerksam zu bleiben."

F: „Wie treffen Sie Entscheidungen?"
A: „Bevor ich mich entscheide, wäge ich die entsprechenden Risiken und Nebenwirkungen ab."

12.3   Führungsqualitäten

Durchsetzungsvermögen, Zielstrebigkeit und Einflußnahme

Fragen an potentielle Führungskräfte zielen immer wieder auf die oben genannten Variablen ab. Auch das nächste Kapitel, das sich mit den Variablen Führungsverhalten und -bereitschaft beschäftigt, gehört zu dem Bereich Führungsqualitäten.

Wenn Sie sich für eine Führungsposition beworben haben, so sollten Sie sich die nächsten Fragen genau ansehen. Sicher werden Sie die eine oder andere in Ihrem nächsten Vorstellungsgespräch wiedererkennen. Bereiten Sie sich sorgfältig vor, und üben Sie die folgenden Fragen und Antworten in einem Rollenspiel.

Fragen und Antworten zu Durchsetzungsvermögen und Einflußnahme

F: „Wie haben Sie sich bisher verhalten, wenn bei einem beruflichen Vorhaben unerwartete Schwierigkeiten auftauchten?"
A: „Es gab sicher einige Vorhaben, die durch plötzliche Schwierigkeiten gestoppt wurden. Im allgemeinen versuche ich, die Probleme genauer zu analysieren. Daraus hat sich bisher immer eine Lösung ergeben."

F: „Schildern Sie eine Situation, in der Sie sich erfolgreich gegen die Ansichten Ihres Umfeldes durchgesetzt haben."
A: Bereiten Sie sich auf diese Frage sorgfältig vor. Suchen Sie ein Beispiel aus dem Berufsalltag mit einem positiven Ausgang.

F: „Haben Sie schon einmal mit verschiedenen Ebenen Ihres Unternehmens zusammenarbeiten müssen, um ein bestimmtes Vorhaben zu erledigen?"
A: Wenn ja: Benennen Sie diese Aufgabe und beschreiben Sie den genauen Arbeitsauftrag. Wenn nein: Begründen Sie, warum Ihnen eine solche Aufgabe nicht übertragen wurde.

F: „Was waren dabei Ihre Arbeitsstrategien?"
A: Beschreiben Sie Ihre Vorgehensweise und Ihre Überlegungen

F: „Mit welchen Ebenen oder Bereichen sind Sie in Ihrem Unternehmen am besten ausgekommen?"
A: Schildern Sie Ihre Erfahrungen.

F: „Können Sie sich an eine Situation erinnern, in der Sie oder ein Kollege eindeutig gegen die Weisung eines Vorgesetzten verstoßen hat?"
A: Wenn ja: Schildern Sie den Vorfall.

F: „Wann halten Sie solch ein Vorgehen für gerechtfertigt?"
A: „Wenn diese Anweisung zu einem großen Verlust für die Firma oder zu einer gefährlichen Situation für die Mitarbeiter führen würde."

F: „Wie haben Sie bisher schon Verbesserungsvorschläge realisiert?"
A: Berichten Sie einen konkreten Fall.

F: „Nach welchem Organisationsschema arbeiten Sie?"
A: „Ich erstelle für meine Aktivitäten einen genauen Zeitplan."

12.4   Führungsbereitschaft

Die folgenden Fragen und Antworten werden im Hinblick auf Ihre Führungsbereitschaft und Ihr -verhalten gestellt. Immer dann, wenn Sie sich um eine Führungsposition bewerben, sind diese Fragen für Sie besonders wichtig.

Sehen Sie sich diese Fragen genau an, und versuchen Sie, die vorgegebenen Antworten so abzuändern, daß sie auf Ihre Situation passen.

Fragen und Antworten zur Führungsbereitschaft und zum Führungsverhalten

F: „Wenn Sie über die Unternehmensphilosophie Ihres derzeitigen Unternehmens nachdenken, wie könnte sie verbessert werden?"
A: Schildern Sie zunächst die Unternehmensphilosophie Ihres derzeitigen Arbeitgebers. Unterbreiten Sie dann einen kritischen und konstruktiven Gegenentwurf.

F: „Gab es in Ihrer Laufbahn schon einmal die Situation, daß Sie entgegen Ihrer eigenen Meinung eine bestimmte Firmenstrategie oder -philosophie vertreten mußten? Wie haben Sie da gehandelt?"
A: Wählen Sie ein Beispiel aus Ihrem Berufsleben. Versuchen Sie, einen positiven Ausgang darzustellen.

F: „Können Sie uns einige Maßstäbe nennen, nach denen Sie das Verhalten von Mitarbeitern und Mitmenschen beurteilen?"
A: „Ich halte mich dabei strikt an die ethischen Grundlagen."

F: „Nennen Sie uns die Verantwortungsbereiche, die Ihrer Meinung nach für eine Führungskraft besonders wichtig sind."
A: „Die Verantwortung gegenüber den Mitarbeitern (Arbeitsplatzsicherheit) und die Verantwortung gegenüber den Anteilseignern (Shareholder Value)."

F: „Wie sieht es bei Ihnen aus, haben Sie bisher schon eine persönliche Verantwortung übernommen?"
A: Schildern Sie Ihre eigenen bisherigen Verantwortungsbereiche.

F: „Nennen Sie einige Ihrer Eigenschaften, die Ihnen als Führungskraft besonders nützlich wären."
A: Nennen Sie Ihre besten Eigenschaften, und begründen Sie, warum diese besonders nützlich sind. Beispiele: Kontaktfreude, Motivation, Fleiß, Ausdauer, Begeisterung von Mitarbeitern ...

F: „Wo wollen Sie in fünf Jahren stehen?"
A: Geben Sie ein realistisches Berufsziel an.

F: „Haben Sie bereits in der Bundeswehr Erfahrungen als Führungskraft sammeln können?"
A: „Ja, ich bin Leutnant der Reserve. Ich war als Stellvertreter des Hauptmanns für die zweite Kompanie verantwortlich." (Oder eine andere sinnvolle Antwort.)

F: „Wie haben Sie sich dabei gefühlt? Was gefiel Ihnen und was nicht?"
A: „Ich habe mich in der Aufgabe als Vorgesetzter sehr wohl gefühlt. Mit meinen Untergebenen hatte ich kaum Probleme. Mir gefiel der soziale Status und die Herausforderung der Verantwortung für meine Mitarbeiter."

F: „Wenn Sie nun an Ihre eigenen Vorgesetzten denken, was hat Ihnen am meisten mißfallen?"
A: „Ich hatte das Glück, bisher immer recht gute Vorgesetzte zu haben." Schimpfen Sie nicht über Ihre bisherigen Vorgesetzten. Versuchen Sie sachliche, emotionslose Kritik zu üben.

F: „Welche Schlußfolgerungen ziehen Sie daraus für sich?"
A: Überlegen Sie sich eine sinnvolle Schlußfolgerung.

F: „Wie können Sie als einzelner dazu beitragen, die Atmosphäre im Team zu fördern?"
A: „Ich denke, daß es vor allem auf den Respekt ankommt, den man den anderen entgegenbringt. Ich bemühe mich immer um ein gutes Auskommen, ums Zuhören und um einen gemeinsamen Konsens."

F: „Wenn Sie nun an Ihre derzeitige Tätigkeit denken, wo müssen Sie besonders eng mit anderen zusammenarbeiten?"
A: Schildern Sie eine entsprechende Situation.

Checkliste Kapitel 12

Bitte beantworten Sie die folgenden Fragen. Die Antworten finden Sie im Anhang.

1. Weshalb wird so viel Wert auf die Grundeinstellung des Bewerbers gelegt – es geht doch schließlich um den Job und nicht um die Einstellung zum Leben generell, oder?
2. Was versteht man unter mentalem Training?
3. Wie kann mentales Training zum Erfolg beitragen?
4. Man spricht in Firmen bereits von geistiger Fitneß. Was gehört dazu?
5. Ist mentale Fitneß angeboren?
6. Welche Voraussetzungen verbessern die Chance, einen der begehrten Arbeitsplätze zu erhalten?
7. Welche Führungsqualitäten sind besonders wichtig?
8. Wie soll ich auf die Frage nach meinem letzten Vorgesetzten antworten, der sich mir gegenüber sehr unfair verhalten hat?
9. Wie kann ich meine Führungsqualitäten überzeugend darstellen?
10. Wenn ich Zweifel habe, in irgendeinem Teilbereich nicht ganz fit zu sein, soll ich das sagen?

13. Der Gesprächsabschluß

Kommen wir nun zum Schluß des Vorstellungsgesprächs. Nachdem die vorausgehenden Punkte zur allseitigen Zufriedenheit geklärt wurden, wird das Gespräch unweigerlich auf ein Vertragsangebot hinauslaufen.

Auf was sollten Sie nun achten, wenn Ihnen ein Arbeitsvertrag angeboten wird?

13.1 Arbeitsvertrag

Beim Arbeitsvertrag herrscht grundsätzlich vollkommene Vertragsfreiheit, das gilt für Führungskräfte und außertarifliche Angestellte. Alle übrigen Arbeitsverhältnisse sind gesetzlich und tarifrechtlich bindend.

Allerdings sind auch bei Tarifangestellten kleinere Modifizierungen zu deren Gunsten möglich und oft sogar nötig.

Nach dem Bürgerlichen Gesetzbuch (BGB) sind Sie zu den Leistungen verpflichtet, die Sie im Arbeitsvertrag unterschrieben haben.

Der Inhalt des Arbeitsvertrags ist dabei verbindlich. Er wird durch einzelne Abmachungen, den Arbeitnehmerschutzbestimmungen, den Tarifverträgen und den Betriebsvereinbarungen bestimmt. Dem Arbeitgeber steht zudem ein Weisungs- und Direktionsrecht zu.

Aus diesem Grund kann der Arbeitgeber oder dessen Stellvertreter, in der Regel ein Vorgesetzter, Ihnen bestimmte Arbeiten auftragen. Die beidseitigen, vertraglichen Vereinbarungen sind in Rechte und Pflichten aufgeteilt.

Ihre Rechte als Arbeitnehmer

◆ Recht auf Beschäftigung
◆ Vergütungsanspruch
◆ Urlaubsanspruch
◆ Kündigungsschutz
◆ Arbeitnehmerschutzrecht
◆ Koalitionsrecht
◆ Streikrecht
◆ Arbeitnehmermitspracherecht
◆ Recht zur Beendigung des Arbeitsverhältnisses
◆ Folgerechte nach Beendigung des Arbeitsverhältnisses

Ihre Pflichten als Arbeitnehmer

◆ Arbeitspflicht
◆ Treuepflicht
◆ Gehorsamspflicht
◆ Verschwiegenheitspflicht
◆ Wettbewerbsbeschränkungen

Die Rechte des Arbeitgebers

◆ Alle Rechte aus dem Arbeitsvertrag
◆ Weisungsrecht
◆ Recht zur Beendigung des Arbeitsverhältnisses
◆ Koalitionsrecht
◆ Aussperrung

Die Pflichten des Arbeitgebers

◆ Vergütungspflicht
◆ Fürsorgepflicht
◆ Pflicht zur Gleichbehandlung (evtl. Frauenquote)
◆ Beschäftigungspflicht
◆ Haftpflicht

Den vorgelegten Arbeitsvertrag sollten Sie unbedingt sorgfältig durchlesen und notwendige Ergänzungen sofort mündlich anmelden. Spätestens bei der Unterzeichnung des Vertrags sollten auch Nebenabreden, die Sie eventuell sogar nur am Telefon getroffen haben, schriftlich fixiert werden.

Wird die Tätigkeit fachlich umschrieben, so kann Ihnen der Arbeitgeber alle Arbeiten zuweisen, die sich mit dem Berufsbild vereinbaren lassen. Bei einer genau festgelegten Tätigkeit muß nur diese konkret verrichtet werden.

Im Arbeitsvertrag wird in der Regel eine Probezeit vereinbart. Doch auch ohne diesen Passus ist in den ersten sechs Monaten eine Kündigung problemlos möglich.

Ihr Ziel wird es wohl sein, einen unbefristeten Arbeitsvertrag zu erhalten, dem eine Probezeit vorgeschaltet ist. Doch dieses Ziel wird nicht immer erreicht. Häufiger hingegen sind befristete Arbeitsverhältnisse. Über 20 Prozent der neu abgeschlossenen Arbeitsverträge sind heute Zeitverträge.

Spezielle Arbeitsverträge, wie sie beim Job-sharing oder beim Personalleasing vorkommen, können mit einem Zeitarbeitsunternehmen vereinbart werden. Diese Art der Beschäftigung stellt eine Alternative zur Dauerarbeitslosigkeit dar. Oft werden qualifizierte Arbeitnehmer von den Kunden der Zeitarbeitsfirmen abgeworben. Vor allem Frauen kommen auf diesem Weg oft in ein festes Arbeitsverhältnis. Etwa 50 Prozent aller ehemaligen Zeitarbeiterinnen werden in Firmen fest angestellt, in die sie durch die Zeitfirma vermittelt wurden.

Die nachstehenden Fragen und Antwortbeispiele sollten Ihnen helfen, auf bestimmte typische Fragen gut vorbereitet zu sein. Generell gilt, daß Sie sich zuvor schon über den Arbeitsvertrag, der in der Branche üblich ist, erkundigen sollten.

Fragen und Antworten zum Arbeitsvertrag

F: „Wie hoch ist Ihr derzeitiges Einkommen?"
A: Antworten Sie wahrheitsgemäß, evtl. müssen Sie später eine Gehaltsabrechnung nachreichen.

F: „Welches Gehalt erwarten Sie bei uns?"
A: Häufig wird bei einer neuen Arbeitsstelle ein Gehalt verlangt, das ca. 10 bis 20 Prozent über dem vorhergehenden liegt. Sie können jedoch versuchen, soviel herauszuholen, wie Sie glauben „wert zu sein".

F: „Was erwarten Sie bei einem Arbeitsplatzwechsel? Soll es nur um eine Gehaltsverbesserung gehen, oder sind Ihnen auch Kriterien wie Sozialleistungen, Arbeitsplatzsicherheit und Entwicklungsmöglichkeiten wichtig?"
A: Antworten Sie wahrheitsgemäß. Generell würde ich eine Sowohl-als-auch-Antwort vorschlagen.

F: „Welche Vorstellungen über zusätzliche Leistungen, außer den üblichen Tarifbedingungen, haben Sie, die unser Unternehmen für Sie erbringen müßte?"
A: „Ich könnte mir folgende Leistungen zusätzlich vorstellen ..."
Beispiele: Kinderbetreuung, Lohnfortzahlung im Krankheitsfall, Jobsharing, Telearbeitsplatz, Heimarbeit, Betriebsrente, Fahrtkostenerstattung, Kantine etc.

F: „Üben Sie eine Nebenbeschäftigung aus?"
A: Antworten Sie wahrheitsgemäß, auch wenn es sich „nur" um eine Dozentenstelle an der Volkshochschule handeln sollte.

13.2 Fragen an das Unternehmen

Bei den eigenen Fragen kommt es natürlich sehr auf Ihre persönliche Situation an. Generell gilt, daß Sie ein deutliches Interesse an der Firma und an einem Arbeitsvertrag zeigen sollten. Ihre Fragen könnten sich auf folgende Themenbereiche beziehen:

Fragen, die Sie Ihrem neuen Arbeitgeber stellen sollten

F: „Was sind die unternehmerischen Ziele Ihrer Firma in den nächsten fünf Jahren?"

A: Hier wird man Ihnen eventuell ungenaue Angaben machen, auch wenn es sich um eine Führungsposition handelt. Aber eine Antwort, die Ihnen ohne Zögern gegeben wird, weist darauf hin, daß sich die Führungsmannschaft Gedanken um längerfristige Strategien und Ziele macht und daß man offen genug ist, diese auch mit einem Bewerber zu diskutieren.

F: „Welches Produktionsspektrum haben Sie derzeit?"

F: „Wie viele Mitarbeiter beschäftigen Sie?"

F: „Welchen Umsatz macht Ihre Firma jährlich? Wie verteilt sich der Umsatz auf die einzelnen Abteilungen?"

F: „Wieviel Umsatz macht die Abteilung, für die ich arbeiten würde?"

F: „Wie ist Ihre Firma aufgebaut. Gibt es ein Organigramm, aus dem auch die Aufgabenverteilung in den einzelnen Abteilungen zu ersehen ist?"

F: „Wie würden Sie den Führungsstil Ihrer Firma beschreiben?"

A: Vorsicht vor patriarchalisch geführten Unternehmen, wenn Sie selbst einen modernen Führungsstil pflegen. Sie werden in einer solchen Firma sofort „anecken".

F: „Zum Arbeitsvertrag habe ich noch folgende Fragen ..."
A: Stellen Sie jetzt möglichst detaillierte Fragen zum Vertrag. Es ist Ihre letzte Möglichkeit, ihn zu diskutieren.

F: „Gibt es eine Stellenbeschreibung?"
A: In vielen Unternehmen sind Stellenbeschreibungen heutzutage verpönt, da sie die Aufgaben und Kompetenzen allzu „kleinlich" festlegen. Fragen Sie also nur dann nach einer Stellenbeschreibung, wenn Sie sie für Ihre Tätigkeit tatsächlich benötigen oder wenn Sie keine Führungsposition anstreben. Erkundigen Sie sich in jedem Fall vorher ausführlich nach Ihren Aufgaben und Kompetenzen, das macht einen besseren Eindruck.

F: „Mit welchen Kollegen werde ich direkt zusammenarbeiten?"
A: Diese Frage zielt auf Ihr zukünftiges Arbeitsumfeld. Achten Sie genau auf die subtilen Zwischentöne, die einiges über potentielle Schwierigkeiten und Pluspunkte aussagen können.

F: „Welchen Tip hätte mir mein Vorgänger auf dieser Stelle gegeben, um die Motivation seiner Mitarbeiter zu steigern?"
A: Fragen Sie nur dann nach dem Vorgänger, wenn Ihr Gespräch in einer entspannten Situation stattfindet. Sie wissen nie, ob Sie damit nicht unwissentlich in ein „Fettnäpfchen" treten. Dennoch ist die Antwort auf diese Frage für Sie interessant, da Sie daraus einiges über Ihr zukünftiges Team erfahren können.

F: „Ich denke gerne in globalen Zusammenhängen. Wie stehen Sie zu Vorschlägen zur Arbeitsverbesserung, die nicht direkt meinen Arbeitsbereich angehen?"
A: Eine positive Reaktion auf diese Frage zeigt, daß das sogenannte betriebliche Vorschlagswesen in diesem Unternehmen tatsächlich gelebt wird. Diese Frage weist Sie außerdem als vernetzt denkenden Mitarbeiter aus, der gerne gesehen wird.

F: „Wie stehen Sie zum Thema Fortbildung?"
A: Für diese Frage gilt das gleiche wie für die Frage zum Führungsstil.

F: „Wo bestehen die besten Wohnmöglichkeiten im Einzugsbereich Ihres Unternehmens?"

13.3   Verabschiedung

Das bereits in Kapitel 3 über die Abschiedsgesten Gesagte gilt auch hier: Hinter der Fassade verbirgt sich weitaus mehr, als man im Normalfall annimmt.

Im allgemeinen wird man sich zum Abschied nochmals von der Sonnenseite zeigen. Lächeln Sie, jetzt ist alles überstanden. Sie haben den Vertrag so gut wie sicher in der Tasche. Wahrscheinlich wird Ihnen nun niemand mehr dazwischenfunken. Wenn Sie bei Ihrer Bewerbung bis zum Stadium der Vertragsvereinbarungen gekommen sind, sich aber dann wider Erwarten nicht einigen konnten, so haben Sie dennoch einen großen Erfolg erzielt. Ihre Erfahrungen helfen Ihnen bei der nächsten Bewerbung.

Fragen und Antworten zur Verabschiedung

F: „Könnten wir uns einmal mit einem Ihrer früheren Vorgesetzten unterhalten?"
A: Seien Sie vorsichtig bei der Beantwortung dieser scheinbaren Abschlußfrage. Im Zweifelsfall hat Ihr Gegenüber bereits seit langem Erkundigungen eingeholt und testet hier nur noch einmal Ihre Reaktion. Sollten Sie aus verständlichen Gründen keinen gesteigerten Wert darauf legen, daß Ihr bisheriger Arbeitgeber über Sie ausgefragt wird, bieten Sie evtl. andere Referenzen an (etwa den vorletzten Arbeitgeber, der ja ebenfalls über Sie Auskunft geben kann). Antworten Sie allerdings immer höflich, und begründen Sie Ihre Zustimmung oder Ablehnung. Also:
A: „Ja, das ist möglich. Ich werde Ihn über einen möglichen Anruf informieren ..."
„Nein, das ist leider nicht möglich. Dafür gibt es bestimmte plausible Gründe ..." (Z.B.: Ich habe ihn noch nicht darüber informiert, daß ich mich evtl. verändern möchte und möchte dies auch noch nicht tun. Kann ich auf Ihre Diskretion bauen?)

F: „Sind die wichtigsten Punkte nun geklärt?"
A: Bringen Sie jetzt Ihr letztes Anliegen vor.

F: „Wann kann ich Ihnen den Arbeitsvertrag zusenden?"
A: „Ab nächster Woche." (O.ä.)

F: „Sie sind doch vollkommen gesund?"
A: „Ja, ich denke dafür kann ich ein Attest beibringen." Oder: „Ich
denke schon. Wenn Sie möchten, können wir gerne einen Gesund-
heits-Check-up vereinbaren."

13.4   Zulässige und unzulässige Fragen

In einem Einstellungsinterview tauchen immer wieder Fragen auf, die
zwar von Interesse, aber durch das Gesetz nicht abgedeckt sind.

Denn nicht jede Frage ist erlaubt, ist gesetzlich zulässig. Insbesondere
soll durch solche Einschränkungen das Persönlichkeitsrecht des einzelnen geschützt werden. Zulässig sind demnach nur Fragen, die sich
an der jeweiligen zukünftigen Tätigkeit orientieren. An deren Beantwortung hat der Arbeitgeber ein berechtigtes Interesse.

Im wesentlichen sind dies Fragen nach fachlicher und persönlicher
Eignung sowie nach der zeitlichen Verfügbarkeit des Bewerbers.

Alle gestellten Fragen sollten auch auf andere Bewerber übertragbar
sein. Das sind insbesondere Fragen nach den bisherigen beruflichen
Erfahrungen sowie dem Werdegang, nach Zeugnis- und Prüfungsno-
ten und den erworbenen Fähigkeiten, Fertigkeiten und Kenntnissen.

Mit Einschränkungen darf auch die Frage nach dem bisherigen Gehalt
gestellt werden.

Beispiele für unzulässige Fragen sind die nach der Religions-, Partei-
oder Gewerkschaftszugehörigkeit. Auch Fragen nach dem Lebensum-
gang, dem Freundschaftsfeld und der sexuellen Präferenz sind unzulässig.

Wenn eine Frage den zulässigen gesetzlichen Rahmen überschreitet, kann der Bewerber die Unwahrheit sagen, ohne Rechtsnachteile befürchten zu müssen.

Die folgende Tabelle zeigt eine Zusammenfassung der zulässigen bzw. unzulässigen Fragen. Im Zweifelsfall sollten Sie Ihren Anwalt oder Rechtsberater konsultieren.

Zulässige Fragen

F: „Bestehen bei Ihnen bestimmte Krankheiten, die Ihre derzeitige oder zukünftige Arbeitsleistung beeinflussen könnten?"
A: Die Frage ist zulässig. Antworten Sie wahrheitsgemäß (z.B. Hörschäden, Leistenbruch, Sehfehler, Meniskus etc.).

F: „Wurde Ihnen in der Vergangenheit bereits eine Kur bewilligt? Wenn ja, warum?"
A: Die Frage ist zulässig. Antworten Sie wahrheitsgemäß.

F: „Sind Sie schwerbehindert? Können Sie uns den amtlichen Ausweis vorlegen?"
A: Die Frage ist zulässig. Antworten Sie wahrheitsgemäß.

F: „Sind Sie vorbestraft?"
A: Die Frage ist zulässig, wenn ein erhöhtes Sicherheitsbedürfnis beim Arbeitgeber besteht, z.B. Sicherheitsbeauftragter, Buchhaltung, Kassierer etc.

F: „Wieviel verdienen Sie in Ihrer derzeitigen Stellung?"
A: Die Frage ist zulässig, wenn der neue Lohn oder das Gehalt auf der Basis des bisherigen Einkommens berechnet wird. Sonst ist sie unzulässig.

F: „Wie sehen Ihre Vermögensverhältnisse aus?"
A: Die Frage ist zulässig, wenn es sich um eine besondere Vertrauensstellung handelt. Sonst ist sie unzulässig.

F: „Liegen bei Ihnen Gehalts- oder Lohnpfändungen vor?"
A: Die Frage ist zulässig. Antworten Sie wahrheitsgemäß.

F: „Wie sieht es mit dem Wehrdienst aus? Haben Sie ihn bereits abgeleistet oder steht die Einberufung noch aus?"
A: Die Frage ist zulässig. Antworten Sie wahrheitsgemäß.

F: „Welches Berufsziel streben Sie zukünftig an? Wenn Sie als Abiturient eine Lehre bei uns anfangen, wollen Sie später sicher noch studieren?"
A: Die Frage ist zulässig. Antworten Sie wahrheitsgemäß.

F: „Dürfen wir bei früheren Arbeitgebern Referenzen über Sie einholen?"
A: Die Frage ist zulässig. Sie können die Referenzeinholung allerdings verweigern.

F: „Warum wurden Sie nicht befördert?"
A: Die Frage ist zulässig. Antworten Sie wahrheitsgemäß.

Unzulässige Fragen

F: „Haben Sie irgendeine erbliche oder ansteckende Krankheit?"
A: Die Frage ist unzulässig. Sie müssen nicht antworten.

F: „Welcher Gewerkschaft gehören Sie an?"
A: Die Frage ist unzulässig. Allenfalls leitende Angestellte können mit dieser Frage konfrontiert werden.

F: „Sind Sie schwanger?"
A: Diese Frage ist unzulässig.

F: „Wie sieht Ihre Familienplanung aus?"
A: Diese Frage ist unzulässig.

Checkliste Kapitel 13

Bitte beantworten Sie die folgenden Fragen. Die Antworten finden Sie im Anhang.

1. Wie sieht es mit den Arbeitsverträgen aus?
2. Aus was besteht der Arbeitsvertrag?
3. Was gehört zu den Rechten als Arbeitnehmer?
4. Und die Pflichten?
5. Können Änderungen im Arbeitsvertrag vorgenommen werden?
6. Welche Fragen sind unzulässig?
7. Muß man unzulässige Fragen wahrheitsgetreu beantworten?
8. Ist die Frage nach dem derzeitigen Gehalt zulässig?
9. Muß ich die Frage nach der Familienplanung bzw. nach einer Schwangerschaft beantworten?
10. Welche Punkte sollten bei den Fragen an die Firma angeschnitten werden?

14.   Vorsicht, Interviewkiller!

Wahrscheinlich werden Sie dieses Kapitel für überflüssig halten. Sicher sind auch Sie der Meinung, daß die gängigen Höflichkeitsformen vor allem im Bewerbungsgespräch eingehalten werden sollten. Wenn dies von der Interviewerseite her oftmals nicht der Fall ist, dann sollten Sie dies Ihrem Gesprächspartner nicht mit gleicher Münze heimzahlen. Versuchen Sie, weiterhin höflich zu bleiben und sich korrekt zu verhalten.

Ich möchte hier ein paar Beispiele aufführen, die zum Teil aus Absicht, zum Teil aus Nachlässigkeit zu einer Absage führen können. Sie sollten diese Negativbeispiele *auf keinen Fall* nachahmen.

Aus Fehlern kann man lernen. Schauen Sie sich die folgenden Fehler an, und versuchen Sie, eine vernünftige alternative Antwort zu entwickeln. Da es keine allgemeingültige „richtige" Antwort auf die folgenden Fragen gibt, versuchen Sie, diese Fragen einfach mit dem „gesunden Menschenverstand" zu beantworten. So kann es im Grunde keine passende Antwort auf die Frage nach dem Cognacgeruch geben, denn eines wird Ihnen klar sein: Alkohol gehört niemals an den Arbeitsplatz! Eine passende Antwort kann also nur so aussehen, daß Sie vor dem Vorstellungsgespräch keinen Alkohol getrunken haben und auch keinen Alkohol von Ihrem potentiellen Arbeitgeber annehmen. Das gleiche gilt für Zigarren oder ähnliche „offensive" Genußmittel.

Übung: Interviewkiller – Entwickeln Sie passendere Antworten

F: „Sie sind zu spät zum Interview gekommen. Gab es irgendwelche Schwierigkeiten?"
A: „Nein, aber der Betrieb ist so groß, daß mir kein Mensch sagen konnte, wo ich Sie finde."
A: ....

F: „Wir haben Ihnen eine Wegskizze zugeschickt. Hat Ihnen die geholfen?"
A: „Ehrlich gesagt, nein. Die Skizze war total unleserlich, und in diesem Kaff findet man ja sowieso nichts."
A: ....

F: „Riecht es hier nicht nach Cognac?"
A: „Gegen ein Gläschen werden Sie ja nichts einwenden – oder?"
A: ....

F: „Trinken Sie ein Gläschen Likör mit?"
A: „Ja gerne, was haben Sie denn für einen?"
A: ....

F: „Das ist Ihr zukünftiger Abteilungsleiter. Ich bin überzeugt, daß Sie sich glänzend verstehen werden."
A: „So wie der aussieht, kann ich mir das nicht vorstellen. Er ist mir schon jetzt vollkommen unsympathisch."
A: ....

F: „Sie sind mir ja wohl eine, so ein hübsches Büromäuschen habe ich mir schon immer gewünscht."
A: „Wenn Sie damit andeuten wollen, daß ich zu scharf rausgeputzt bin, dann sind Sie falsch gewickelt, mein Lieber. Sie sollten bei mir lieber nicht auf solche Gedanken kommen."
A: ....

F: „Fühlen Sie sich hier ruhig ungezwungen und wie zu Hause."
A: „Ah, das ist gut, dann gönne ich mir erst einmal eine gemütliche Zigarre. Rauchen Sie mit?"
A: ....

F: „Also, was soll das? Bevor Sie mir freundschaftlich auf die Schulter klopfen, sollten wir uns erst näher kennenlernen."
A: „Na, was regen Sie sich gleich so auf. Schließlich steht in Ihrer Stellenannonce, daß Sie partnerschaftliches Verhalten ausgesprochen begrüßen."
A: ....

F: „Bevor wir mit dem Gespräch beginnen, möchte ich Sie fragen, ob Sie eine wichtige Frage im voraus haben?"
A: „Ja, mich würde vor allem die Höhe des zukünftigen Einkommens interessieren. Dann sollte man die Urlaubsregelungen abklären, außerdem die Frage nach dem Tariflohn, dem Fixum, dem Überstundenaufschlag etc. besprechen."
A: ....

F: „Wir in unserem Betrieb sind froh, daß wir im Branchendurchschnitt liegen und kaum Verluste hinnehmen mußten."
A: „Also, ich kann Ihnen frank und frei sagen, daß die Führungsmannschaft alles unfähige Leute sein müssen, wenn Sie in dieser Zeit nur den Branchenschnitt erreicht haben. Mein jetziger Betrieb hat um 30 Prozent jährlich zugelegt, und wir sind noch lange nicht am Ende. Wir starten jetzt bereits die nächste Verkaufsoffensive. Ich glaube, hier ist so ziemlich alles falsch gelaufen."
A: ....

F: „Wenn wir den derzeitigen Zustand der Produktion betrachten, können wir sagen, daß wir auf dem Stand der Technik sind."
A: „Ich glaube nicht, daß Sie das mit gutem Gewissen sagen können. Ich würde vor allem die Fertigungsstraße ändern. Da müssen Trumpf-Werkzeugmaschinen her. Die arbeiten zehnmal schneller und präziser. Der Meister scheint mir auch nicht gerade kompetent. Den würde ich sofort entlassen."
A: ....

F: „Wir haben noch eine Betriebsbesichtigung vorgesehen..."
A: „Nein danke, solche Anlagen habe ich schon oft genug gesehen. Das interessiert mich nun wirklich nicht mehr."
A: ....

F: „Wir wollen hier das Gespräch mit der notwendigen Offenheit führen. Wann können Sie bei uns anfangen? Haben Sie irgendwelche wichtigen Termine?"

A: „Also vor dem Urlaub kann ich auf keinen Fall anfangen. Der ist bereits vom 1.7. bis 30.7. fest eingeplant. Ich könnte mir da allerdings noch eine Verlängerung von zwei Wochen vorstellen. Dann wäre ich Mitte August hier."

A: ....

F: „Wir haben hier einen kleinen Test für Sie vorbereitet. Wenn Sie den kurz ausfüllen könnten?"

A: „Sie wissen wahrscheinlich nicht, daß ich ein absoluter Testgegner bin. Ich fülle gar nichts aus."

A: ....

F: „Von wem dürfen wir Referenzen über Sie einholen?"

A: „Eigentlich von gar niemandem. Meine Bewerbungsunterlagen sind aussagefähig und sprechen für sich. Das muß Ihnen genügen."

A: ....

F: „Warum möchten Sie Ihre bisherige Arbeitsstelle wechseln?"

A: „Wissen Sie, mein Chef und ich, wir hatten einen furchtbaren Krach, und da hat er mir gesagt, ich solle mir schnellstmöglich eine andere Stelle suchen."

A: ....

F: „Wie kommen Sie im allgemeinen mit Ihren Mitarbeitern aus?"

A: „Wunderbar, abends gehen wir immer gemeinsam in die Kneipe."

A: ....

F: „Was würden Sie sagen, ist Ihr größter Fehler?"

A: „Ich komme mit Leuten nicht gut aus."

A: ....

F: „Was würden Sie sagen, ist Ihre größte Stärke?"

A: „Ich bin einfach in allem gut. Besonders wenn es darum geht, Leute in Verhandlungen über den Tisch zu ziehen."

A: ....

Sind diese Beispiele wirklich übertrieben? Keineswegs, fragen Sie einmal einen erfahrenen Personalchef. Er kann Ihnen mit Sicherheit noch manch andere Geschichte erzählen. Falls Sie auch noch derartige Geschichten „auf Lager" haben, hier können Sie sie zum Nutzen anderer Leser loswerden. Schreiben Sie an meine Kontaktadresse, die Sie auf Seite 8 in der Einführung finden.

Falls Sie Schwierigkeiten bei der Beantwortung der Fragen haben, denken Sie daran, daß die angegebenen Antwortmöglichkeiten sicherlich falsch sind. Vertrauen Sie auf Ihren gesunden Menschenverstand, dann können Sie fast nichts mehr falsch machen. Denken Sie aber bitte daran: Eine optimale Antwort auf Fangfragen gibt es nicht. Wichtig ist, daß Sie möglichst souverän und ehrlich anworten und daß Sie nicht blindlings in eine aufgestellte Falle tappen.

Checkliste Kapitel 14

Bitte beantworten Sie die folgenden Fragen. Die Antworten finden Sie im Anhang.

1. Wenn mein Gesprächspartner unhöflich ist, muß ich mir das gefallen lassen?
2. Darf ich mir vor dem Gespräch mit einem Gläschen Sekt Mut antrinken?
3. Für mich ist ein Gespräch Zeitverschwendung, wenn ich im nachhinein herausfinde, daß die Bezahlung nicht stimmt. Kann ich bei Gesprächsbeginn gleich nach dem Gehalt fragen?
4. Ich habe einen konstruktiven Vorschlag, wie das Vorzimmer besser gestaltet werden könnte. Soll ich das beim Vorstellungsgespräch anbringen?
5. Darf ich Zigaretten und einen Likör annehmen, wenn der Personalchef mir dies anbietet?

Anhang

Lösungen

Checkliste Kapitel 1 – Antworten

1. Eine komplette Bewerbungsmappe besteht aus: Anschreiben, Lebenslauf mit Lichtbild, Zeugnissen.
2. *Anzugeben sind:* ein plausibler Grund für die Bewerbung für gerade diese Position; die Gründe, warum man evtl. nicht exakt dem Anforderungsprofil entspricht; frühestmöglicher Eintrittstermin. *Zu vermeiden sind:* allgemeine Standardaussagen, übertriebene Fachausdrücke sowie Floskeln. Die Gehaltsvorstellung sollte nur auf ausdrücklichen Wunsch des potentiellen Arbeitgebers angegeben werden.
3. Wenn Sie sich über die künftige Firma informiert haben, dann signalisiert dies dem Arbeitgeber Ihr Interesse an der Firma und an Ihrem neuen Job. Außerdem geht der Arbeitgeber dann davon aus, daß Sie bereits für sich selbst geprüft haben, ob Sie bei ihm arbeiten wollen. Ihr Interesse signalisiert, daß Sie die Entwicklungen in der Branche gut abschätzen können bzw. die Branche gut kennen, was ja auch die Sicherheit des Arbeitsplatzes berührt. Informationen erhalten Sie über Geschäftsberichte, Bilanzen, Veröffentlichungen von Verbänden, bei der örtlichen Industrie- und Handelskammer sowie im Wirtschaftsteil der Tageszeitungen. Außerdem über das Internet und im „Hoppenstedt", dem Nachschlagewerk über die größten deutschen Unternehmen. Lassen Sie sich ggf. auch Firmenprospekte zuschicken. Das signalisiert Ihr Interesse.
4. Will ich in der Firma arbeiten, kann ich mich mit dem Produkt und den Firmenzielen identifizieren? Passe ich in diese Firma, welche Stelle habe ich in der Hierarchie, kann ich mit den Kollegen auskommen, und stimmen die Konditionen?

5. Benennen Sie Ihre Kenntnisse z.b.: Fremdsprachen, Weiterbildungskurse, Veröffentlichungen, Auslandsaufenthalte und auch
   Ehrenämter und Engagement im politischem oder sozialen Bereich, sofern diese für das künftige Arbeitsgebiet von Bedeutung
   sind. Auch Führerschein und ähnliches kann wichtig sein, sofern
   dies in der Auschreibung besonders erwähnt wurde.
6. Zeugniskopien sollten in chronologischer Reihenfolge die Ausbildung und den gesamten beruflichen Werdegang dokumen-
   tieren: Abiturzeugnis, Vordiplomzeugnis, Diplomzeugnis und Urkunde, Staatsexamen, Praktikantenzeugnisse, Lehrbescheinigungen und -zeugnisse, Facharbeiter- oder Gesellenbrief sowie sonstige Arbeitszeugnisse; bei Ärzten auch Approbation, bei Volljuristen die Stationszeugnisse.
7. In diesem Fall genügt ein vorläufiger Notenspiegel.
8. Idealerweise ist der Brief nicht länger als eine DIN-A4-Seite, mehr
   als eineinhalb Seiten sollte er jedoch keinesfalls umfassen.
9. Wenn Sie in ungekündigter Position sind und den derzeitigen Arbeitgeber nicht nennen wollen, dann sollten Sie eine allgemeine
   Tätigkeitsbeschreibung mitschicken.
10. In chronologischer Reihenfolge sollten alle Schulen aufgeführt
    werden – Name und Ort der Schule sowie die jeweiligen Jahres-
    zahlen und der jeweilige Abschluß. Fach- und Hochschulen müs-
    sen detailliert angegeben werden, wobei Studienschwerpunkte,
    Ort, Zeitpunkt, Studiendauer und Gesamtnote der Abschluß-
    prüfung zu erwähnen sind. Das gilt auch für ein Studium im Aus-
    land sowie für die Promotion.

Checkliste zu Kapitel 2 – Antworten

1. Ausschlaggebend sind Kontakte mit 50 %, Auftreten mit 40% und
   Leistung mit nur 10%.
2. Das Wort lautet: „eigentlich". Dieses kleine Wort schmälert jede
   Leistung.
3. Machen Sie sich Ihr Verhalten richtig bewußt, setzen Sie dann mit
   Rollenspielen an den Schwachpunkten an. Machen Sie eine Liste
   über Ihre Fähigkeiten, die Sie immer wieder anschauen. Besuchen
   Sie Seminare oder Kurse bei der Volkshochschule. Üben Sie vor
   dem Spiegel.

4. Übermächtige Selbstkritik, mangelndes Selbstbewußtsein, unklare Aussagen, zu wenig Eigenlob. Sie können für die Steigerung Ihres Selbstbewußtseins folgendes tun: Schreiben Sie zehn positive Aussagen über sich selbst auf, hängen Sie diese Liste an den Spiegel, damit Sie sie oft vor Augen haben. Bevor Sie in ein Gespräch gehen, sollten Sie sich Ihre Pluspunkte bewußt machen.

5. Sie motivieren sich selbst am besten durch konstruktive Gedanken, durch klare Zielvorgaben und den Willen, dieses Ziel auch zu erreichen. Denken Sie nicht an das Wenn und Aber, sondern gehen Sie mit einer positiven Einstellung an die Bewerbung. Sagen Sie sich: „Ich bekomme den Job! Ich bin die ideale Besetzung für diese Position. Ich bin wichtig."

6. Frauen scheitern häufiger, weil sie sich nicht gut verkaufen können, weil sie zu bescheiden sind, sich nicht in den Vordergrund drängen wollen und deshalb im Abseits landen. Aber: Selbstbewußtsein und Selbstsicherheit kann man lernen. Üben Sie mit Suggestionskassetten, üben Sie in alltäglichen Situationen, auf Menschen zuzugehen. Stellen Sie anderen gegenüber Ihre Fähigkeiten dar.

7. Mit Ruhe, Gelassenheit, Stärke und Sicherheit.

8. Sicherheit kommt immer von innen. Deshalb: Machen Sie sich die eigenen Fähigkeiten bewußt. Dann verändert sich automatisch die Körperhaltung, sie wird gerade. Die Bewegungen werden dynamischer, die Stimme wird klarer und fester und die Sprache deutlicher. All das sind Signale, die jeder – auch ohne Worte – versteht.

9. Die frühkindliche Prägung: „Sei bescheiden, gib nach, Eigenlob stinkt" etc.

10. Lernen Sie, ein positives Selbstbild zu schaffen, klare Zielvorstellungen bestimmt zu vermitteln. Lernen Sie Sicherheit im Auftreten, von sich selbst überzeugt zu sein und die eigenen Fähigkeiten ohne falsche Bescheidenheit zu nennen. Ihr Motto muß lauten: „Ich bin wichtig, und ich habe etwas zu sagen. Eigenlob ist unerläßlich für die Karriere!"

Checkliste Kapitel 3 – Antworten

1. Mit Ehrlichkeit kommt man meistens am weitesten: Geben Sie offen zu, daß Sie etwas nervös sind. Damit setzen Sie sich nicht selbst noch mehr unter Druck.
2. Personalchefs kennen die Sprüche und haken sofort nach. Den besten Eindruck machen Sie, wenn Sie bei den Fakten bleiben.
3. Indem Sie zeigen, daß Sie sich mit allen Fragen befaßt haben. Indem Sie gut vorbereitet in das Gespräch gehen, sich fundierte Fragen notiert haben und sicher auftreten.
4. Die Aufwärmphase – die Fragen nach den Lebensumständen und dem beruflichen Werdegang – dann folgen gezielte Fragen nach den Vorstellungen über die beruflichen Ziele – an letzter Stelle steht das Angebot an den Bewerber, selbst Fragen zu stellen.
5. Das ist von Branche zu Branche unterschiedlich. Generell ist die sprachliche Ausdrucksfähigkeit, das Verhalten sowie das äußere Erscheinungsbild überall wichtig. Bei Positionen mit Kundenkontakt spielen die Kleidung und das Auftreten aber eine größere Rolle als bei reinen Bürotätigkeiten. In der Werbung ist etwas flippigere Kleidung in Ordnung, bei einer Bank sollten Sie eher konservativ gekleidet sein.
6. Sie sollten Ihr Selbstbewußtsein stärken, indem Sie sich Ihre Fähigkeiten und Stärken immer wieder vor Augen halten. Beobachten Sie, wie Sie sich geben, wenn Sie unsicher sind: Welche Verlegenheitsgesten machen Sie, welche Worte wählen Sie, wie ist Ihre Stimme, wohin richten Sie Ihren Blick. Arbeiten Sie an diesen Punkten – im Rollenspiel und vor dem Spiegel. Außerdem haben Sie sich gut geschlagen, denn Sie sind bereits in die engere Wahl gelangt. – Ein Argument, das Sicherheit verleihen kann.
7. Machen Sie sich Ihr Selbst bewußt. Notieren Sie Ihre Vorzüge, sehen Sie alle positiven Eigenschaften, erinnern Sie sich an all Ihre Erfolgserlebnisse. Akzeptieren Sie sich selbst. Die positive Einstellung, die Sie haben, strahlt auf Ihr Umfeld – auch auf Ihren Gesprächspartner beim Vorstellungsgespräch – aus.
8. Beobachten Sie Ihre Mitmenschen – die Gestik, die Mimik, die Haltung, die Augen, die Hände und den ganzen Körper. Was drücken die Worte aus, und wie spricht der Körper? Achten Sie auf Ihr eigenes Verhalten, wenn Sie einer Sache negativ gegenüberstehen, aber verbal zustimmen. Was tun Sie mit Ihren Händen, wie sitzen Sie, wohin blicken Sie...?

9. An allen Gesten, die offen sind, z.b. ausgestreckte Arme, offene Hände, an einem offenen Blick, an einem Lächeln.
10. Verlassen Sie sich auf Ihr Gefühl: Ihr Gegenüber will Macht demonstrieren, will Sie einschüchtern. Ihre Chancen sind nicht groß.

Checkliste Kapitel 4 – Antworten

1. Es soll die Reaktionsfähigkeit, die persönliche Belastbarkeit sowie – je nach Taktik – die soziale Komponente getestet werden.
2. Eine allgemein gültige Antwort gibt es hierzu nicht. Vielmehr hängt es von der Sicherheit des Bewerbers ab. Manchmal ist es gut, Kontra zu geben, manchmal ist es gut zuzugeben, daß Sie sich unter Streß gesetzt fühlen. Ich empfehle, zuerst einmal zu prüfen, ob beispielsweise ein überraschend angesetzter schriftlicher Test für Sie zumutbar ist. Wenn Sie der Meinung sind, eine Prüfungsaufgabe ist für Sie oder die angestrebte Position eine Zumutung, dann schadet es oft nicht, diese abzulehnen.
3. Wenn Sie können, essen Sie extrem langsam, und beobachten Sie möglichst unauffällig, wie die anderen Gäste das Besteck oder die Finger einsetzen. Ansonsten hilft nur die Flucht nach vorn: Geben Sie zu, daß Sie derartiges noch nie gegessen haben. Bitten Sie um eine Erklärung, wie Sie z.B. am besten einen Hummer aufbrechen.
4. Aufwärmphase – Darstellung des Unternehmens, der Position, der Abteilung – Selbstdarstellung des Bewerbers – Detailfragen zu wichtigen Themen – Fragen oder Rückfragen des Bewerbers – Gesprächsabschluß.
5. Um eine bestimmte, meist erwünschte Antwort von dem Bewerber zu erhalten.
6. Die Interviewer sehen in bestimmten Verhaltensweisen, die der Bewerber in der Vergangenheit zeigte, die Basis für künftiges Verhalten.
7. Es gibt offene Fragestellung mit viel Freiraum für die Antwort; indirekte Fragen, um die private Meinung zu erfahren; die geschlossene Fragestellung mit Ja-und-Nein-Antworten; direkte Fragen, die den Sinn und Zweck der Fragestellung offensichtlich machen sowie Suggestivfragen.

8. Ausbildung, bisherige berufliche Tätigkeit, berufliche Stärken und Fähigkeiten, berufliche Wünsche und Ziele.
9. Fragen nach dem Gehalt und sozialen Leistungen, Aufstiegsmöglichkeiten, Befugnisse, hierarchische Eingliederung in die Firma/Abteilung.
10. Bitten um Betriebsbesichtigung, Gespräch mit Kollegen, Besichtigung des Arbeitsplatzes, Wunsch nach Prospektmaterial der Firma – alles, was Interesse signalisiert.

Checkliste Kapitel 5 – Antworten

1. Beim Vorstellungsgespräch haben Sie den ersten persönlichen Kontakt zu der künftigen Firma. Von der Kleidung läßt sich viel auf den Charakter und auch die Arbeitsweise schließen (z. B. Sauberkeit). Die Kleidung ist Ihre „äußere" Visitenkarte.
2. Sauber, modisch, aber nicht zu ausgefallen – immer auf Position und Branche zugeschnitten. Zu konservative Kleidung macht in der Werbung keinen guten Eindruck. Hier können aber u.U. Turnschuhe „in" sein, während Sie in einer Anwaltskanzlei mit Turnschuhen total „out" sind.
3. Pünktlichkeit ist die Höflichkeit der Könige. Wer andere warten läßt, schätzt ihre Zeit (und damit ihren Wert) nicht hoch ein. Deshalb ist Pünktlichkeit ein absolutes Muß. Sollten Sie sich unverschuldet doch verspäten, z.B. weil die Bahnstrecke stundenlang blockiert ist, rufen Sie unbedingt so früh wie möglich an, schildern Sie die Situation und erwähnen Sie dabei auch, daß Sie – um eine Verspätung zu vermeiden – bereits eine Sicherheitszeit eingeplant hatten und unter normalen Umständen mehr als pünktlich dagewesen wären.
4. Es wird ein Bewerber gesucht, der großes Interesse gerade an dieser Firma hat. Desinteresse und Langeweile sind nicht gefragt – und die kommen zum Ausdruck, wenn Sie eine Betriebsbesichtigung ablehnen.
5. Sie können erkennen, ob das Betriebsklima in Ordnung ist, wie die Kollegen miteinander umgehen, ob das Essen in der Kantine gut ist, ob viele Überstunden anfallen etc. Sie erhalten einen etwas persönlicheren Eindruck über die Firma.

6. Meist werden in dem Einladungsschreiben noch fehlende Papiere aufgeführt. Sicherheitshalber sollten Sie aber folgende Unterlagen bei sich haben: Personalausweis, Einladungsschreiben, Original-zeugnisse (wenn ausdrücklich verlangt) bzw. Zeungiskopien, letzter Gehaltsauszug (vorsichtshalber), evtl. Lohnsteuerkarte, Präsentationsmappe für bestimmte Berufe.

7. Übung macht den Meister. Durch Rollenspiele und durch die bildhafte Vorstellung des Gesprächverlaufs erwerben Sie Sicherheit, die sich auf Ihr Umfeld sich positiv auswirkt. Dadruch können Sie auch mit unerwarteten Situationen besser umgehen.

8. Es werden heute fast überall Kurse zum Bewerbertraining angeboten, z.B. an Volkshochschulen. Sie können auch den teureren Weg über ein Personalberatungsbüro gehen.

9. Es ist ganz natürlich, daß Sie bei einem Vorstellungsgespräch aufgeregt sind. Dennoch sollten Sie durch mentales Training, durch Rollenspiele etc. versuchen, sich intensiv auf diese Situation vorzubereiten. Dadruch können Sie bereits eine Menge Streß im Vorfeld abbauen. Gehen Sie mit dem festen Vorsatz in das Gespräch: „Ich kann es – ich bin gut – ich bin der optimale Bewerber!"

10. Machen Sie eine kurze Entspannungsübung. Atmen Sie tief und ruhig durch, werden Sie ganz locker. Gezielte Entspannung läßt Sie geistig fit und aufnahmebereit sein.

Checkliste Kapitel 6 – Antworten

1. Halten Sie Papier und Bleistift bereit, legen Sie Ihre Bewerbungsunterlagen daneben. Am besten haben Sie Ihre Fragen auch notiert, so vergessen Sie nichts wichtiges. Machen Sie sich bewußt, daß niemand viel Zeit hat, formulieren Sie Ihre Fragen knapp und klar, stellen Sie nur die wichtigsten Fragen am Telefon.

2. Wenn in der Stellenanzeige kein Sachbearbeiter bzw. keine Ansprechpartner genannt sind, dann fragen Sie nach dem Personalchef oder dem für diese Position zuständigen Bearbeiter.

3. Sie können folgende Punkte klären: Voraussetzungen für die Position, Arbeitsbeginn, Alter und natürlich, ob die Position noch frei ist.

4. Eine klare, nicht zu hohe Stimme, deutliche Aussprache, Selbstsicherheit, Überzeugungskraft.
5. Auf die klare Beschreibung Ihrer Qualifikationen. Erwähnen Sie auch, wenn Sie bestimmte geforderte Spezialkenntnisse oder aktuelle Kenntnisse haben oder Fähigkeiten, die Sie von den anderen Bewerbern unterscheiden.
6. Sie sollten sich nach der Grußformel vorstellen, dabei Ihren Namen klar und deutlich nennen. Bevor Sie mit Ihrem Anliegen fortfahren, sollten Sie fragen, ob Sie stören. Möglicherweise ist der Sachbearbeiter in einer Besprechung und hat gerade keine Zeit oder er muß zu einem Termin. Um zu vermeiden, daß man Ihnen nicht konzentriert zuhört, sollten Sie diese Frage immer stellen.
7. Sie werden mit Ihrem Namen angesprochen, Ihre Anfragen werden sachlich korrekt und freundlich beantwortet. Zugesagte Rückrufe erfolgen innerhalb der vereinbarten Frist.
8. Man läßt Sie lange in der Leitung hängen; der Sachbearbeiter ist nicht auffindbar, man weiß nicht Bescheid, man kann Sie nicht weiterverbinden, Rückrufe erfolgen nicht oder sehr spät.
9. Wenn Sie die schriftliche Bewerbung nachreichen, werden sofort Unstimmigkeiten entdeckt. Flunkern hilft nicht, bleiben Sie bei der Wahrheit.
10. Indem ich mich kurz fasse und die wichtigsten Punkte klar und deutlich anspreche, indem ich mich nicht als Bittsteller einordne, sondern als ein Bewerber, der der Firma etwas zu bieten hat.

Checkliste Kapitel 7 – Antworten

1. Bin ich für den potentiellen Arbeitgeber von Vorteil, bringe ich der Firma Gewinn, und wie stelle ich mich bzw. meine Qualifikationen entsprechend dar.
2. Die eigenen Fähigkeiten und Stärken so darzustellen, daß der Personalchef davon überzeugt ist, den richtigen Bewerber vor sich zu haben.
3. Nicht nur die fachlichen Kompetenz entscheidet. Äußerst wichtig ist es, die verbale und nonverbale Kommunikation zu beherrschen, um sich richtig zu präsentieren und auch, um die Signale des Gesprächspartners richtig und rechtzeitig deuten zu können.

4. Überzeugen kann man nur, wenn man selbst überzeugt ist. Wenn Sie Zweifel an Ihrer Befähigung für diese Position haben, dann kommt das auch „rüber". Lesen Sie deshalb das Stellenangebot sehr genau, überprüfen Sie kritisch, ob Sie diesen Job auch wirklich haben möchten und ob Sie glauben, ihn gut machen zu können. Damit haben Sie eine der Voraussetzungen für einen positiven Gesprächsverlauf erfüllt.

5. Hören Sie Schauspielern bewußt zu. Verändern Sie das Sprechtempo immer wieder einmal, ebenso die Lautstärke. Sprechen Sie Satz für Satz, machen Sie den Punkt hörbar. Kurze Gesprächspausen fesseln die Aufmerksamkeit.

6. Die Ja-aber-Technik ermöglicht es Ihnen, in einer positiven Art und Weise Ihrem Gesprächspartner zuzustimmen und dennoch eine gegensätzliche Meinung zu äußern.

7. Indem Sie selbst die Gegenargumente nennen, um sie dann sogleich zu widerlegen. Damit stellen Sie gleichzeitig Ihre rhetorischen Fähigkeiten unter Beweis.

8. Das Aufzählen aller Argumente läßt ein Gespräch schnell in eine Sackgasse geraten, läßt das Interesse der Interviewer leicht schwinden, und Sie müssen sich dann bald anhören „Das wissen wir schon." Halten Sie sich knapp an Argumenten, dosieren Sie sie sorgfältig.

9. Durch die Körpersprache. Ein dynamischer Gang verrät einen zielstrebigen Menschen, der sich mit Elan für seine Aufgaben einsetzt, während hängende Schultern und ein gesenkter Blick auf Lustlosigkeit und mangelnde Zielstrebigkeit hinweisen. Trainiern Sie die nonverbale Kommunikation.

10. Akzeptieren Sie die Angst als ganz normal in einer solchen Streßsituation. Erlernen Sie Entspannungstechniken, bei denen Geist, Seele und Körper ent-spannt werden – z.B. das Autogene Training. So behalten Sie Ihre Gefühle unter Kontrolle.

Checkliste Kapitel 8 – Antworten

1. Aus Stellenbeschreibung und Leistungsanforderung.
2. Positionsbeschreibung, Arbeitsplatzbeschreibung, Kompetenzen, Konditionen.
3. Ausbildung, Erfahrung, Persönlichkeit, Alter.

4. Folgende Punkte sind wichtig: *Formanalyse:* Vollständigkeit der Unterlagen, sinnvolle und saubere Zusammenstellung, ausführliche, logisch verständliche, inhaltlich und zeitlich richtige Angaben. *Inhaltsanalyse:* seltener Schulwechsel, keine Klassenwiederholungen, Berufsausbildung in einem angemessenen Zeitrahmen, gute Ergebnisse, Darstellung der Leistungs- und Interessenschwerpunkte differenziert und fachspezifisch; kein zu häufiger Stellenwechsel – in der Regel nicht unter zwei Jahren. Ein Stellenwechsel aufgrund betrieblicher Rationalisierung bzw. aus Karrieregründen wird akzeptiert.

5. Das Interesse des Bewerbers an der Firma und seine Fähigkeit, sich mit der Firma zu identifizieren.

6. Alle Details über die Ausbildung, da sie mit über die Laufbahn und das Gehalt entscheiden.

7. Die Verknüpfung von Ausbildungsstätte im Betrieb mit der Hochschule, z.B. an der Berufsakademie. Dieses System wird vor allem in den klassischen Ausbildungsberufen eingesetzt, in denen sich die betriebliche Ausbildung mit der schulischen ergänzt.

8. Es gibt keine europaweite Anerkennung.

9. Die kurzfristige Verfügbarkeit.

10. Der richtige Mann oder die richtige Frau am richtigen Platz.

Checkliste Kapitel 9 – Antworten

1. Fleiß und Motivation.

2. Ja.

3. Die gewünschte Richtung ist von der Position abhängig. Entscheidend für Führungspositionen sind jedoch meist das Fachwissen und dann das Studium als solches.

4. Freude an der Arbeit und die Bereitschaft, sich für die Arbeit zu engagieren. Dies sollten Sie vemitteln können.

5. Neugierde. Interessieren Sie sich auch über Ihr Fachgebiet hinaus, nutzen Sie jede Chance zur Weiterbildung. Das verbessert Ihre Chancen auch langfristig.

6. Indem Sie eine Strategie – eine Überzeugungsstrategie – entwickeln und anhand eines „roten Fadens" Ihren beruflichen Werdegang überzeugend schildern. Betonen Sie die Vorteile, die gerade Ihre Ausbildung für das Unternehmen hat.

7. Ja. Nennen Sie „kleine" Schwächen, die in keinem Zusammenhang mit der Position stehen und die Sie evtl. sogar noch positiv
   aussehen lassen.
8. Nennen Sie präzise die einzelnen Stationen und heben Sie nur die
   wichtigsten Kriterien hervor.
9. Zufriedenheit in allen Lebensbereichen wird immer häufiger dem
   eindimensionalen Karrieredenken vorgezogen.
10. Paßt der Bewerber, und will er in der Firma bleiben, oder benutzt
    er die Firma nur als Sprungbrett?

Checkliste Kapitel 10 – Antworten

1. Es wird zwar nicht gerne zugegeben, aber die soziale Schicht ist
   nach wie vor von Bedeutung.
2. Das kommt natürlich immer auf die Position an. Geprüft wird nach
   Gruppen- und Integrationsfähigkeit (Geschwister), Fähigkeit zur
   Ein- und Unterordnung, Teamgeist (Jugendgruppen), Freude an
   Geselligkeit und Gemeinschaft (Hobby, Urlaub).
3. Der Familienstand wird individuell unterschiedlich je nach Beruf
   beurteilt – sehr häufig ist er mit Vorurteilen belastet. Bei einem
   Vertreter, der immer unterwegs ist, sieht man in einem ledigen
   Mann einen Vorteil, weil dieser keine Familienbindung und deshalb
   mehr Zeit und Ruhe für die Arbeit hat. Geschiedenen mit Kindern
   wird leicht unterstellt, daß sie schneller finanzielle Probleme haben
   könnten als Verheiratete. Andererseits sind verheiratete Manager
   wieder ein Plus.
4. Das kommt auf die Tätigkeit an. Wer viel mit Menschen auf dem
   Land zu tun hatte, der kann sie besser verstehen. Für eine entsprechende Tätigkeit kann das von Vorteil sein.
5. Daß sie sich nicht unterordnen können und oft Probleme im Umgang mit anderen Menschen haben.
6. Wenn es sich um Aktivitäten handelt, die zeigen, daß Sie Teamgeist besitzen, soziales Engagement haben etc., dann sollten Sie
   das sagen. Besonders wichtig ist das, wenn solche Fähigkeiten für
   die Position vorteilhaft sind – und sei es auch nur am Rande.
7. Ob Sie sportlich, kulturell interessiert sind, ob Sie zu der Firmen-
   philosphie passen etc.

8. Fragen nach Familienstand oder einer geplanten Heirat sind zulässig und auch für die Firma wichtig, um Sie richtig einzuschätzen.
9. Am besten so, daß Sie ein möglichst klares Bild von Ihrer Persönlichkeit vermitteln, ohne andere herabzusetzen.
10. Betrachten Sie die Frage immer aus der Sicht der Firma – was bringt ein Mitarbeiter der Firma? Dann fällt es Ihnen leichter, wahrheitsgetreu die richtige Antwort so zu formulieren, daß sie richtig ankommt.

Checkliste Kapitel 11 – Antworten

1. Vorbild für die Mitarbeiter. Außerdem soll sie die Mitarbeiter in die Entscheidungsprozesse miteinbeziehen.
2. Der Einzelkämpfer ist immer weniger gefragt. Erwünscht ist der Mitarbeiter, der sich in ein Team integrieren kann.
3. Indem Sie bei jeder sich bietenden Möglichkeit erwähnen, wie vorteilhaft die Teamarbeit für das Unternehmen ist, welche Vorzüge ein Team bietet etc. und daß Sie gern im Team arbeiten.
4. Betonen Sie die Verantwortung, die Sie haben, die Belastung, und zeigen Sie, wie sehr Sie sich für Ihre Aufgabe einsetzen.
5. Keine Aufstiegschancen in der alten Firma, mehr Verantwortung in der angestrebten neuen Position.
6. Sofern es sich nur um ein oder zwei Monate handelt, sollten Sie eine plausible Erklärung finden (Auslandsaufenthalt o.ä.). Bleiben Sie so nah an der Wahrheit wie möglich. Handelt es sich um einen längeren Zeitraum werden Sie nicht umhin kommen, Farbe zu bekennen. Geben Sie eine Begründung für die Arbeitslosigkeit (Konkurs der Firma, Umzug etc.).
7. Finden Sie Erklärungen, die nachvollziehbar sind, damit Sie nicht als flatterhaft eingestuft werden.
8. Jedes Engagement für die Arbeit, jedes Interesse an Fortbildung gibt Ihnen Pluspunkte.
9. Warum nicht? Vielleicht können auch Ihre Mitbewerber nicht spanisch?
10. Um herauszufinden, welche Interessen Sie haben, ob Sie sich auch mit Themen außerhalb Ihrer Fachgebiete befassen.

Checkliste Kapitel 12 – Antworten

1. Die Einstellung zu sich, zum Leben, zur Arbeit wird durch das Denken bestimmt. Nicht umsonst sind positiv denkende Menschen gesünder, erfolgreicher und glücklicher. Und das wirkt sich alles auf die Arbeit und das Arbeitsklima aus.
2. Mental = Geist. Die Beherrschung und Beeinflussung des Geistes durch gezielte Gedanken und Bilder.
3. Wer in seiner geistigen Vorstellung erfolgreich ist, dem wird es auch gelingen, diese Vision, dieses Bild in die Realität umzusetzen.
4. Selbstdisziplin, Selbstkontrolle, Selbstvertrauen und Selbstverwirklichung.
5. Nein. Sie kann wie körperliche Fitneß erlernt und trainiert werden. Fragen Sie im Buchladen nach entsprechenden Titeln, arbeiten Sie mit Suggestionskassetten.
6. Möglichst hohe Leistungsfähigkeit und universelle Einsetzbarkeit.
7. Durchsetzungsvermögen, Zielstrebigkeit und Einflußnahme.
8. Schimpfen Sie nicht über ihn, sondern überlegen Sie sich sachliche, emotionslose Argumente.
9. Indem Sie sich eine Liste erstellen, auf der Sie konkret Ihre Erfolge, Ihre grundsätzliche Einstellung zur Arbeit, zum Delegieren von Aufträgen, zur Teamarbeit etc. aufschreiben, so daß Sie Ihre Fähigkeiten im Gespräch sofort parat haben.
10. Nein, auf keinen Fall. Behaupten Sie überzeugend, daß Sie alle Voraussetzungen optimal erfüllen. Lieber arbeiten Sie an sich, um fit zu werden als eine gute Position durch übertriebene Ehrlichkeit aufs Spiel zu setzen. Auch die Aussage der Firma muß nicht immer hundertprozentig korrekt sein, doch das können Sie wirklich erst erkennen, wenn Sie im Job sind.

Checkliste Kapitel 13 – Antworten

1. Bei Führungskräften und außertariflichen Angestellten herrscht Vertragsfreiheit. Die anderen Arbeitsverhältnisse sind gesetzlich und tarifrechtlich bindend.
2. Aus Rechten und Pflichten für beide Vertragsparteien.

3. Recht auf Beschäftigung, Vergütungs- und Urlaubsanspruch, Kündigungsschutz, Streikrecht, Arbeitnehmerschutzrecht, Koalitionsrecht, Folgerechte nach Beendigung des Arbeitsverhältnisses.
4. Arbeits-, Treue-, Gehorsams-, Verschwiegenheitspflicht sowie Wettbewerbsbeschränkungen.
5. Sobald Sie den Vertrag erhalten haben, sollten Sie ihn sorgfältig lesen und notwendige Ergänzungen sofort mündlich anmelden. Spätestens bei Unterzeichnung sollten die mündlichen Nebenabreden auch schriftlich fixiert sein.
6. Nach Religions-, Partei- oder Gewerkschaftszugehörigkeit. Ebenso nach dem Freundeskreis, dem persönlichen Umfeld sowie nach sexuellen Präferenzen.
7. Nein. Bei Fragen, die den zulässigen gesetzlichen Rahmen überschreiten, können Sie die Unwahrheit sagen, ohne Rechtsnachteile befürchten zu müssen.
8. Wenn das neue Gehalt auf Basis des derzeitigen berechnet wird. Ansonsten unzulässig.
9. Nein, diese Fragen sind unzulässig.
10. Das kommt auf den Einzelfall an. Gut sind immer Fragen, die Interesse und auch Wissen über die Firma anzeigen, wie z.B. die unternehmerischen Ziele der Firma, Produktionspalette, Mitarbeiterzahl, Umsatz, Führungsstil in der Firma. Und natürlich alle individuellen Fragen zum Job und zum Vertrag.

Checkliste Kapitel 14 – Antworten

1. Das hängt davon ab, ob Sie die Stelle unbedingt wollen. Grundsätzlich gilt für alle Gespräche: Mit Höflichkeit kommt man immer weiter.
2. Alkohol ist tabu am Arbeitsplatz – und natürlich auch beim Vorstellungsgespräch.
3. Nein. Soviel Zeit sollten Sie schon in eine Stelle investieren, daß die Gehaltsfrage dann angesprochen wird, wenn vorab geklärt ist, ob Sie für die Stelle überhaupt in Frage kommen bzw. die Stelle für Sie grundsätzlich erstrebenswert ist.
4. Warten Sie besser mit Ihrem Vorschlag, bis Sie die Stelle haben.
5. Nein.

Literatur

Burkhardt, M. & Strobbe, C.: Das erfolgreiche Einstellungsinterview. Expert, Renningen 1993

Cronbach, L. J., Gleser, G.: Psychological tests and personel decisions. Urbana Ill. Uni. Press 1965

Deller, J., Kleinmann, M. & von Hanh, E.: Das situative Interview. Personalführung 6/92, S. 474-478

Dräll, D.: Die Bewerbung – Das Vorstellungsgespräch. Societät, Frankfurt 1992

Dunnette, M. D.: Personnel selection and placement. Belmont, CA Wadsworth 1966

Flanagan, R.: The critical incident technique. In: Psychological Bulletin, 51, 1954, S. 327-358

Gersbacher, U.: Das Bewerbungsgespräch. Heyne, München 1991

Hesse, J. & Schrader, H. C.: Bewerbungsstrategien für Führungskräfte. Fischer, Frankfurt 1993

Hornthal, S.: Vorstellungsgespräch. In: Strutz, H. (Hg.): Handbuch Personalmarketing. Gabler, Wiesbaden 1989

Jenks, J.M. & Zevnik, B.L.P.: So befragen Sie Bewerber richtig. Harvard Manager, Heft 1/90, S. 31-34

Knebel, H.: Das Vorstellungsgespräch. Haufe, Freiburg 1989

Lanner, H.: Vorstellungsgespräche mit Erfolg. Humboldt, München 1992

Pillat, R.: Neue Mitarbeiter – erfolgreich anwerben, auswählen und einsetzen. Haufe, Freiburg 1990

Sabel, H.: Bewerbungsgespräche – richtig vorbereiten, erfolgreich führen. Englisch, Wiesbaden 1990

Sarges, W.: Interviews. In Sages W. (Hg.): Management-Diagnostik Hogrefe, Göttingen 1990

Smart, B. D.: The Smart Interviewer. Wiley, New York 1989

Siewert, H.: Bewerben wie ein Profi. mvg, Landsberg am Lech 1996

Siewert, H.: Persönlichkeitstests erkennen und bestehen. mvg, Landsberg am Lech 1996

Siewert, H.: Bewerben in Europa, interconnections, Freiburg 1990

Siewert, H.: Arbeitsverträge. mvg, München 1994

Swan, W. S.: Den richtigen Mitarbeiter finden – Das erfolgreiche Einstellungsgespräch. Orell Füssli, Zürich 1990

Stopp, U.: Bewerber-Auslese: Fehlentscheidungen kosten ein Vermö-
gen. io Management Ztschr. 57/88 Nr. 6, S. 312-314

Tack, W.: Auswahl und Plazierung von Mitarbeitern. Psychologie des
20ten Jahrhunderts Band V, S. 478ff. Kindler, Zürich 1978

Yate, M. J.: Das erfolgreiche Bewerbungsgespräch – Überzeugende
Antworten auf alle Fragen. Campus, Frankfurt 1990

Leser-Service

Liebe Leserin, lieber Leser,

das Ihnen vorliegende Buch soll ständig weiterentwickelt und verbessert werden. Dazu hoffe ich ein klein wenig auf Ihre Mithilfe. Bitte füllen Sie diesen Fragebogen, oder eine Kopie davon, aus und senden Sie ihn an den Verlag oder an

Büro für Beratung

Orchideenweg 2
D 72762 Reutlingen

Sollten Sie einige Anmerkungen zu den Kapiteln, Korrekturen oder Änderungswünsche haben, so senden Sie diese ebenfalls ein. Jede Anfrage wird beantwortet, und Ihre Anregungen kommen der nächsten Auflage dieses Buches zugute. Bitte füllen Sie den Fragebogen zum Buch „Die 100 wichtigsten Fragen im Vorstellungsgespräch" sorgfältig aus.

1. Absender ....
2. Name, Vorname ....
3. Beruf ....
4. Straße ....
5. Wohnort ....

An

mvg-verlag im verlag moderne industrie AG
86895 Landsberg am Lech

Wo haben Sie das Buch „Die 100 wichtigsten Fragen im Vorstellungsgespräch" entdeckt?

❑ Bibliothek
❑ Buchhandlung
❑ sonstiges

Was machen Sie zur Zeit? Ich bin:

❑ Student
❑ Arbeiter
❑ Angestellter
❑ Beamter
❑ Personalberater/-sachbearbeiter
❑ Manager/Führungskraft

Welchen Eindruck haben Sie von diesem Buch?

❑ relativ einfach stukturiert
❑ bringt wenig Neues
❑ kann man so lassen
❑ ganz ordentlich aufgemacht und recherchiert
❑ sehr gute Informationsquelle bzw. Ratgeber

Können Sie Ihre Aussage begründen?

....

Welches Kapitel war für Sie besonders wichtig?

....

....

Welches Kapitel sollte noch ausgebaut werden?

....

....

Welches Kapitel ist aus Ihrer Sicht überflüssig?

....

....

Welche Änderungen schlagen Sie für dieses Buch vor?

....

....

Würden Sie dieses Buch

❐ weiterempfehlen?
❐ an Schulabgänger/Freunde/Bewerber verschenken?
❐ in Ihre Handbibliothek aufnehmen?
❐ in die Schulbibliothek aufnehmen?

Interessieren Sie sich für weitere Bücher des Autors?

❐ Ja
❐ Nein

Möchten Sie in Zukunft über das Verlagsprogramm informiert werden?

❐ Ja
❐ Nein

Vielen Dank für Ihre Mithilfe!